사랑하라, ―그리고― 나를 잃지 않도록

THE MASTERY OF LOVE

Copyright © 1999 by Miguel Angel Ruiz, M.D. and Janet Mills
Original English language publication by Amber-Allen Publishing, Inc., San Rafael, CA 94903 U.S.A.
Korean translation Copyright © 2024 by Snow Fox Books.
All rights reserved.

Korean translation copyright © (2025) by (SNOWFOXBOOKS)
Korean translation rights arranged with Amber-Allen Publishing, Inc. through EYA Co., Ltd

이 책의 한국어판 저작권은 EYA Co.,Ltd 를 통해 Amber-Allen Publishing, Inc 와 독점 계약한 (주) 스노우폭스북스가 소유합니다.
저작권법에 의하여 한국 내에서 보호를 받는 저작물이므로 무단 전재 및 복제를 금합니다.

사랑하라, *and* 그리고

나를 잃지 않도록

돈 미겔 루이스 지음
서진 옮김
안진환 번역 감수

편집인 서문
Editor's Preface

사랑이라는 흔한 주제를 이렇게까지 자기 치유,
자기 자유로 끌어올릴 수 있을까요.
표현은 단순한데 울림은 크고, 깊고 큰 메시지는 영혼을 만집니다.

세상 모든 이에게 필요한 사랑의 언어,

사랑이라는 이름으로 깊은 상처를 입고,

고통스러운 외로움 속에있던 우리에게

이 책의 메시지는 구원의 숨결 같습니다.

사랑을 자유와 풍요로, 소유가 아닌 섬김으로 되돌려 주는 이 여정은 진실함과 오랜 수행의 축적이 아니면 가능하지 않았을 것입니다.

죄가 많고 어리석어서가 아니라 가장 인간답기 때문에,

누구보다 진심으로 사랑했기 때문에.

그 아픔을 절실히 마주했기 때문에 사랑, 그 자체인 존재의 '나'를 깨닫게 된 것이 아닐까요.

사랑의 단순한 의미를 초월해 세상 모두와 세상 모든 만물과 함께, 살아 있는 사랑으로 말입니다.

삶의 상처와 역경들은 왜 이렇게 사람을 흔들어 놓을까요.

하지만 그때의 우리는 행복을 잃어서가 아니라

삶 속에서 나 자신을 잃어버렸다는 사실을 몰랐습니다.

사람이 그리워서, 마음이 그리워서

그 빈자리를 애써 채우려 해도 결국 더 큰 빈자리를 느껴야 했던 날들이 있었습니다.

이 책을 편저하며 그 마음들과 처음부터 끝까지 함께 걸었습니다. 그리고 사랑이 주었던 모든 기쁨과 상처가 결국, 나를 나로 돌려보내고 있었다는 것을 봅니다.

아마도 사랑은 우리를 부수기 위해 오는 것이 아니라,

부서진 틈 사이로 빛이 들어오게 하려고 오는 게 아닐까요.

이제는 압니다. 사랑이 사람을 무너뜨린 것이 아니라,

무너진 자리에서 나를 새롭게 빚어주었다는 것을.

그 과정이 때로는 잔인할 만큼 아프지만 그 아픔 속에서만 들을 수 있는 목소리가 있습니다. 그 목소리는 아주 오래전부터 내안에 있었고 언제나 나를 기다리고 있었습니다.

그것은 '너는 이미 사랑 그 자체'라는,

너무도 단순해서 오히려 잊고 살았던 진실이었습니다.

이 책은 그 목소리를 다시 듣게 합니다.

영원까지 함께 할, 부서지지 않을 우주의 크기만큼 광활한,

완전한 존재가 나를 안아 품으로 끌어당기는 손길로.

우리는 더 이상 서로를 잃을 수 없습니다.

사랑은 사라지는 것이 아니라,

살아 있는 한 계속 흐르는 것이기 때문입니다.

- 서진 -

목차

편집인 서문   04

톨텍   10

1장. 그는 내게 상처 주지 않았다   12

2장. 지금 이대로, 나는 완전합니다   30

3장. 치유의 세 가지 열쇠   52

4장. 사랑의 길, 두려움의 길   78

5장. 나는 당신을 바꾸지 않겠습니다   96

6장. 결핍은 끝났습니다 118

7장. 눈을 뜨고 다시 나를 봅니다 136

8장. 성(性) 몸의 말, 마음의 오역 154

9장. 나의 꿈을 사랑으로 다시 쓰다 170

10장. 우리는 결국 사랑으로 돌아가는 존재다 194

11장. 나를 잃어버린 순간들 212

이 이야기에서 보물을 발견하셨나요? 232

이 작은 큰 기쁨 238

자각을 위한 기도 239

자기 사랑을 위한 기도 241

저자 소개 246

톨텍
Toltec

 수천 년 전, 멕시코 남부에 지혜를 찾는 사람들이 있었습니다. 그들은 톨텍이라 불렸습니다.

한때 인류학자들은 그들을 하나의 민족이나 종족으로 보기도 했지만, 사실 그들은 고대의 영적 지식과 실천을 연구하고 보존하던 지혜의 예술가들이었습니다.

톨텍은 스승인 '나왈'과 제자의 형태로 모였습니다. 그들의 거점은 멕시코시티 외곽, 고대의 피라미드 도시 테오티우아칸(현재의 맥시코주), 인간이 신이 되는 곳이라 불린 곳이었습니다.

오랜 세월, 나왈들은 조상의 지혜를 숨기고 지켜야만 했습니다. 유럽의 침략과 제자들의 권력 남용이 겹치며 지혜가 사라지지 않도록 보호해야 했기 때문입니다.

하지만 다행히도 이 지혜는 나왈의 계보를 따라 조용히 전해져 왔습니다. 비록 수백 년간 극소수에게 전승돼 왔지만 고대의 예언은 말했습니다.

'언젠가 이 지혜를 모두에게 돌려줘야 할 때가 올 것이다.'

그리고 지금, 그 예언을 이어받은 독수리 기사 계보의 나왈, 돈 미겔 루이스가 이 강력한 가르침을 우리와 나누고자 합니다.

톨텍의 지혜는 특정 종교에 속하지 않지만 전 세계의 모든 위대한 영적 전통과 진리의 본질을 공유합니다. 그 가르침은 신앙이 아니라 삶의 방식에 더 가깝습니다. 누구든 그 길 위에 설 수 있고 누구나 사랑과 자유, 행복을 경험할 수 있습니다.

톨텍은 사랑과 영혼의 예술가입니다. 그들은 매 순간, 매 호흡마다 가장 아름다운 예술을 창조합니다. 바로 꿈꾸기의 예술입니다.

삶은 결국 하나의 꿈입니다.

우리가 예술가라면 사랑으로 우리의 삶을 창조할 수 있습니다. 그렇게 할 때 우리의 꿈은 하나의 예술 작품이 됩니다.

1장

Chapter 1

그는 내게 상처 주지 않았다

He Was
Not the One Who Hurt Me.

그는 내게 상처 주지 않았다

그리스 신화에는 신성한 사냥꾼, 아르테미스에 대한 이야기가 있습니다. 아르테미스는 특별한 노력을 들이지 않고도 원하는 것을 얻을 수 있었기에 최고의 사냥꾼이라고 불렸습니다. 그녀는 숲과 완벽한 조화를 이루며 살았습니다.

숲 속의 모든 생명은 그녀를 사랑했고 그녀에게 사냥당하는 것을 오히려 영광으로 여겼습니다.

아르테미스는 사냥을 하지 않는 듯 보였습니다. 그러나 그녀가 원하는 것은 스스로 그녀에게 다가왔습니다. 그래서 그녀는 누구보다 뛰어난 사냥꾼이었고 동시에 누구보다 공격하기 어려운 존재가 되었습니다.

아르테미스는 마법의 사슴으로 상징되곤 했습니다. 그 신성한 사슴은 누구도 쉽게 잡을 수 없었기 때문이었습니다.

아르테미스를 소유하거나 통제하려는 시도는 바로 이 사슴을 붙잡으려는 일과 같았습니다.

그렇게 아르테미스는 숲의 질서 안에서 조화롭게 살아가고 있었습니다. 그러던 어느 날 한 왕이 제우스의 아들, 헤라클레스에게 명령을 내립니다. 그 누구도 잡을 수 없는 바로 그 신성한 사슴을 사냥하라는 것이었습니다.

패배를 모르는 존재로 자라온 헤라클레스는 그 명령을 받아들였습니다. 그는 숲으로 들어가 사슴을 찾았고 마침내 눈앞에 두게 됩니다. 그러나 마법의 사슴은 헤라클레스를 보고도 도망치지 않았습니다. 그를 경계하지 않았고 조용히 가까이 다가오도록 허락했습니다. 하지만 헤라클레스가 붙잡으려는 순간 사슴은 순식간에 달아났습니다.

사슴을 잡으려면 헤라클레스는 아르테미스보다 더 나은 사냥꾼이 되어야 했습니다. 욕망과 힘으로는 도달할 수 없는 세계였습니다.

헤라클레스는 신들의 전령 헤르메스를 불러 그의 날개를 빌렸습니다. 그 순간부터 헤르메스만큼 빨라졌고 마침내 가장 귀한 사냥감 아르테미스를 상징하는 그 사슴을 손에 넣게 되었습니다.

아르테미스의 반응은 쉽게 짐작할 수 있습니다. 그녀는 헤라클레스에게 사냥 당했고 그에 대한 분노와 복수심이 그녀 안에 타올랐습니다. 이제 아르테미스는 그를 사냥하려 했고 그를 잡기 위해 최선을 다했습니다.

그러나 상황은 이미 달라져 있었습니다. 헤라클레스는 가장 사냥하기 어려운 존재가 되어 있었습니다. 그는 너무나 자유로웠고 아무리 애를 써도 아르테미스는 그를 붙잡을 수 없었습니다.

사실 아르테미스는 본래 헤라클레스를 필요로 하지 않았습니다. 그녀 안에 일어난 강렬한 욕구는 단지 환상이었습니다. 그녀는 자신이 헤라클레스를 사랑하게 되었다고 믿었고 그를 자신의 것으로 만들고 싶어 했습니다. 그 순간부터 그녀의 마음은 오직 그 생각으로 가득 찼고 그것은 집착이 되어 그녀를 더 이상 행복하게 하지 못했습니다.

그리고 그때부터 아르테미스는 변하기 시작했습니다. 이제 그녀는 필요를 충족하기 위해 사냥하는 것이 아니라, 사냥 그 자체를 즐기기 위해 사냥을 하기 시작했습니다.

그녀는 스스로의 규칙을 깨뜨렸고 더 이상 조화를 이루는 존재가 아닌 포식자가 되어버렸습니다. 숲속의 동물들은 그녀를 두려워했고 숲은 점점 그녀를 밀어냈습니다.

하지만 아르테미스는 그것을 보지 못했습니다. 그녀의 마음속에는 오직 헤라클레스만이 남아 있었습니다.

헤라클레스는 해야 할 일이 많았지만 때때로 숲에 들러 아르테미스를 찾곤 했습니다. 그럴 때마다 아르테미스는 그를 사냥하려 애썼습니다.

그와 함께 있는 동안 아르테미스는 잠시 행복을 느꼈습니다. 그러나 헤라클레스가 떠나고 나면 그녀의 마음은 질투와 집착으로 뒤덮였습니다. 그를 떠나보내는 일이 싫었고 그가 사라진 후에는 고통과 눈물 속에 빠졌습니다. 그녀는 그를 사랑했고 동시에 미워했습니다.

헤라클레스는 아르테미스의 마음속에서 어떤 일이 벌어지고 있는지 전혀 알지 못했습니다. 자신이 사냥감이 되었다는 사실조차 몰랐습니다. 그는 아르테미스를 존중했고 사랑했습니다. 하지만 그것은 그녀가 원하는 방식이 아니었습니다.

아르테미스는 그를 소유하고 싶어 했고 그를 사냥해 포식자가 되려는 마음을 멈출 수 없었습니다. 숲의 모든 생명은 아르테미스가 변했다는 것을 알고 있었습니다. 하지만 그녀 자신만은 그 사실을 깨닫지 못했습니다.

아르테미스는 여전히 자신을 신성한 사냥꾼이라고 믿었습니다. 자신이 추락했다는 것, 자신의 내면이 천국에서 지옥으로 바뀼다는 것조차 알지 못했습니다. 그녀가 추락하자 숲도 달라졌습니다. 다른 사냥꾼들마저 하나둘 포식자로 변해갔습니다.

어느 날 헤르메스는 동물의 모습으로 아르테미스 앞에 나타났습니다. 아르테미스가 그를 해치려는 순간, 헤르메스는 신의 모습으로 돌아왔고 바로 그때 아르테미스는 잃어버렸던 지혜를 되찾았습니다.

헤르메스는 그녀에게 말했습니다. 그녀가 추락했다는 사실을, 그리고 그 추락이 외부의 힘이 아닌 그녀 자신의 마음에서 비롯된 것임을 일깨워주었습니다. 그 자각을 통해 아르테미스는 마침내 헤라클레스를 찾아가 용서를 구했습니다.

그녀를 타락시킨 것은 다름 아닌 '나는 중요하다'는 생각, 곧 '자신이 특별하다는 믿음'이었습니다. 헤라클레스와 대화를 나누며 아르테미스는 또 하나의 진실을 깨달았습니다. 그는 자신이 겪어온 고통과 갈등을 전혀 알지 못했던 것입니다. 그녀는 혼자서 마음속 전쟁을 치렀고 그 안에서 헤라클레스를 원망하고 사랑하고 미워하고 사냥했던 것입니다.

이제 그녀는 숲을 돌아보며 자신이 저지른 일들을 보게 됩니다. 꽃과 동물 하나하나에게 사과합니다. 그리고 다시 사랑을 회복하고 신성한 사냥꾼으로 돌아올 수 있었습니다.

이 이야기를 전하는 이유는,
우리 모두가 사냥꾼이자 사냥감이기 때문입니다.
세상의 모든 존재는 누군가를 사냥하면서 동시에 누군가에게 사냥당하고 있습니다.

무엇을 사냥하고 있을까요?
자신의 필요를 채우기 위한 사냥을 합니다.
앞서 말했듯, 몸의 필요와 마음의 필요는 구분되어야 합니다. 마음이 몸과 자신을 동일시하면 그 필요는 실제 생존이 아닌 허구적 욕망으로 바뀝니다. 마음을 '나'라고 믿는 순간, 그 필요는 현실의 요구가 아니라 충족될 수 없는 착각이 됩니다.

그리고 그 환상을 충족시키기 위해 무언가를 쫓기 시작하면 끝없는 결핍에 이끌려, 끊임없이 요구하는 존재가 됩니다. 채워지지 않는 마음의 욕구를 좇고 가질 수 없는 것을 손에 넣으려 애쓸 때, 우리는 서서히 타락합니다.

인간은 사랑을 사냥합니다.

사랑이 필요하다고 느낍니다.

왜냐하면 스스로를 사랑하지 않기 때문입니다.

그래서 다른 사람에게서 사랑을 채우려고 합니다.

그러나 그들도 나와 똑같이, 자신을 사랑하지 못하는 존재들입니다. 그렇다면 그에게서 얼마나 깊은 사랑을 받을 수 있겠습니까?

이렇게 진짜 사랑을 얻는 대신 더 큰 결핍이 만들어집니다. 계속해서 잘못된 곳에서 사랑을 사냥하니까요. 왜냐하면 내가 찾는 그 사랑은 다른 누군가가 줄 수 있는 것이 아니기 때문입니다.

아르테미스가 자신의 추락을 자각했을 때 그녀는 마침내 자신에게로 돌아갔습니다. 그녀가 필요로 했던 모든 것은 이미 그녀 안에 있었기 때문입니다.

우리도 마찬가지입니다.

사랑을 사냥하고, 정의를 사냥하고, 행복을 사냥하며, 심지어 신을 사냥합니다. 그러나 신은 밖에 있지 않습니다.

신은 바로 우리 안에 있습니다.

마법의 사슴을 사냥하는 이야기는 우리에게 한 가지를 분명히 알려줍니다. 진짜 사냥은 외부가 아니라 내면을 향해야 한다는 사실입니다. 이 이야기를 마음속에 깊이 새겨야 합니다. 아르테미스의 이야기를 기억한다면 언제든 자기 안에서 사랑을 발견할 수 있습니다.

사람들은 서로에게서 사랑을 얻으려 하지만

그 사랑은 결코 충만하지 않습니다.

외부에서 구하는 사랑은 언제나 부족합니다.

마음은 끊임없이 사랑을 갈구하지만

그 사랑은 밖에 있지 않습니다.

결코 거기에 없습니다.

우리가 찾아야 할 사랑은 오직 내면에만 존재합니다.

그러나 그 사랑은 쉽게 얻을 수 있는 것이 아닙니다.

정말로 어려운 사냥감입니다. 자기 안에서 사랑을 찾는 길은 험합니다. 사소한 자극 하나에도 마음은 쉽게 흔들리고 주의를 곧바로 빼앗깁니다. 무엇이든 나의 시선을 붙잡는 것은 내가 가야 할 길에서 자신을 멀어지게 합니다. 그래서 우리는 헤르메스처럼 집중과 민감함으로, 재빠르게 움직일 수 있어야 합니다.

만약 그 사랑을 찾아낸다면 알게 될 것입니다. 내면의 사랑은 점점 더 커지고 마침내 그 사랑이 나의 모든 필요를 채운다는 사실을.

그것이야말로 진짜 행복에 이르는 길입니다.

사람들은 보통 관계에 들어갈 때 사랑을 사냥하듯 시작합니다. 상대에게서 무엇인가를 얻으려는 마음으로 다가갑니다. 그러나 그

끝에는 원하는 것이 없습니다.

하지만 결핍 없이 관계에 들어갈 수 있다면 이야기는 전혀 다른 방향으로 흘러갑니다.

자기 안에서 사랑을 사냥하려면 어떻게 해야 할까요?

그 사랑을 찾기 위해서는 우리가 사냥꾼이자 동시에 사냥감이 되어야 합니다. 우리 안에는 두 존재가 있습니다. 사냥꾼과 사냥감. 그렇다면 누가 사냥꾼이고 누가 사냥감일까요?

대부분의 사람에게 있어서 사냥꾼은 '마음의 기생충'입니다. 이 기생충은 나에 대해 모든 것을 알고 있습니다. 그리고 내안의 두려움에서 비롯된 감정들, 불안, 분노, 질투, 시기를 먹고 살아갑니다.

그것은 나를 끊임없이 괴롭히고, 조종하고, 통제하려 합니다. 그리고 하루 스물네 시간 내내, 나를 사냥합니다.

우리는 그렇게 이 기생충에게 사냥당하는 쉬운 먹잇감이 되어버립니다. 이 존재는 단순한 사냥꾼이 아니라 살아 있는 나를 조금씩 집어삼키는 포식자입니다. 그 결과 감정의 몸은 끊임없이 상처

입고 고통을 느끼고 구원을 갈망합니다.

그리스 신화 중에 프로메테우스의 이야기에서 엿 볼 수 있습니다. 그는 바위에 묶인 채, 낮이면 독수리에게 내장을 파 먹히고 밤이면 다시 회복하는 고통의 운명을 반복합니다. 이 신화는 우리가 살아가는 방식과 닮아 있습니다.

깨어 있는 동안 감정의 몸을 갖고 있고 그 몸은 하루 내내 마음의 기생충, 즉 독수리에게 파 먹힙니다. 밤이 되어 잠에 들면 잠시 그 감정적 고통으로부터 해방됩니다. 하지만 아침이 오면 또다시 먹이가 됩니다.

그렇게 매일 고통과 회복, 고통과 회복의 끝없는 순환 속에 살아갑니다. 그러다 마침내, 프로메테우스의 헤라클레스가 나타나 사슬을 끊어주고 그를 고통에서 해방시킵니다. 헤라클레스는 그리스도, 부처, 모세처럼 고통의 사슬을 끊고 자유를 가져다주는 의식의 상징과 같습니다.

자기 안을 사냥하기 위해서는 무엇보다 자기의 모든 반응을 관찰하는 것부터 시작해야 합니다. 반사적으로 나오는 말, 표정, 감정,

판단. 그 하나하나를 의식적으로 바라보는 것입니다. 그리고 서서히, 삶의 패턴을 하나씩 바꿔나가야 합니다. 이것은 단순한 습관의 수정이 아닙니다. 꿈이 지배하는 삶으로부터 자유를 얻기 위한 전쟁입니다. 포식자와의 전쟁. 그 한가운데, 진실이 있습니다.

서구 전통에서는 자기 내면과 싸우는 이들을 전사(warrior)라고 부릅니다. 캐나다에서 아르헨티나까지, 많은 수행 전통에서 전사란 '자기 자신을 사냥하는 사냥꾼'을 뜻합니다.

이 전쟁은 작지 않습니다. 왜냐하면 그 상대가 마음의 기생충이기 때문입니다. 전사가 된다는 것은 반드시 전쟁에서 이긴다는 뜻은 아닙니다. 하지만 적어도 순순히 먹히지는 않겠다는 선언입니다. 스스로를 갉아먹는 기생충을 더 이상 방치하지 않겠다는 결단입니다. 사냥꾼이 되는 것. 그것이 이 여정의 첫걸음입니다.

헤라클레스가 아르테미스를 찾아 숲에 갔을 때 그는 처음에 사슴을 잡을 수 없었습니다. 그래서 그는 자신보다 더 뛰어난 존재, 즉 헤르메스를 찾아가 사냥꾼으로서 더 나은 방법을 배웠습니다. 아르테미스를 사냥하려면 아르테미스보다 더 뛰어난 사냥꾼이 되어야 했기 때문입니다. 마찬가지로 자기 자신을 사냥하려면 내 안에 사는 기생충보다 더 깨어 있는 존재가 되어야 합니다.

내면의 기생충은 하루 스물네 시간 내내 활동합니다. 그렇다면 나도 스물네 시간 내내 깨어 있어야 합니다. 마음의 기생충이 가진 가장 큰 무기는 그것이 나를 너무도 잘 안다는 점입니다. 숨을 곳이 없습니다. 기생충은 내가 다른 사람 앞에서 변명할 때조차도 나를 심판합니다. 혼자 있을 때는 더 심각합니다. 끊임없이 판단하고 비난하고 죄책감을 씌웁니다.

지옥 같은 관계에서는 상대 안의 기생충이 내 기생충과 손을 잡고 나를 공격합니다. 이때, 나는 나 자신의 기생충뿐 아니라 상대의 기생충까지 함께 상대해야 합니다. 그러나 이 사실을 깨닫는 순간 상황은 바뀔 수 있습니다.

상대에게 연민이 생기고 그가 자신의 기생충을 스스로 다룰 수 있도록 허용할 수 있게 됩니다. 그리고 상대가 자유를 향해 한 걸음 나아갈 때마다 함께 기뻐할 수 있습니다. 상대가 화를 내거나, 슬퍼하거나, 질투심을 느낄 때, 지금 마주한 존재가 내가 사랑하는

'그 사람'이 아님을 알게 됩니다. 상대를 붙잡고 있는 건 마음의 기생충입니다.

이 사실을 알고 상대에게 어떤 일이 벌어지고 있는지를 이해하게 된다면, 상대가 스스로 해결할 수 있도록 공간을 줄 수 있습니다. 나는 내 몫에만 책임지면 됩니다. 그러면 상대의 반응을 내 탓으로 여기지 않게 됩니다.

이것은 관계를 훨씬 더 편안하고 건강하게 만듭니다. 상대가 하는 행동은 결코 나를 향한 것이 아닙니다. 상대는 지금 자신의 내면과 싸우고 있을 뿐입니다. 이 사실을 개인적인 문제로 받아들이지 않는다면 두 사람 사이의 관계는 훨씬 더 아름다워질 수 있습니다.

Love, But Do Not Lose Yourself

2장

Chapter 2

지금 이대로, 나는 완전합니다

 당신의 몸을 들여다보면 수십억 개의 생명체들이 당신에게 의존하고 있다는 사실을 알 수 있습니다. 몸속 모든 세포는 살아 있는 존재이며 그들은 당신을 신처럼 따르고 당신에게 완전히 의지하고 있습니다.

이 존재들에 대해 당신은 책임이 있습니다. 그들에게 필요한 것을 줄 수도 있고 사랑할 수도 있으며 혹은 무심하고 잔인하게 대할 수도 있습니다. 그들은 조화를 이루며 충실히 일하고 있습니다. 심지어 그들이 당신에게 기도하고 있다고 말할 수도 있습니다. 당신은 그들의 신입니다. 이것은 단순한 비유가 아니라 명백한 사실입니다.

이 진실을 알게 된 지금, 당신은 어떻게 하시겠습니까?
아르테미스를 기억하십시오. 그녀는 숲 전체와 완벽한 조화를 이루고 있었습니다. 하지만 타락한 순간, 숲을 향한 존중을 잃었습니다. 다시 깨어났을 때 아르테미스는 꽃 하나하나를 찾아가 말했습니다. "미안해요. 이제 다시 보살필게요." 그렇게 그녀는 숲과의 관계를 회복했고 그들의 사이에는 다시 사랑이 피어났습니다. 당신의 몸 전체가 바로 그 숲입니다. 이 진실을 인식하는 순간 당신은 몸에게 이렇게 말하게 될 것입니다. "미안해. 이제 다시 너를 돌볼게."

나 자신과 몸, 그리고 나에게 의존하는 모든 세포들과의 관계는 세상 그 무엇보다도 아름다운 관계가 될 수 있습니다. 몸과 그 세포들은 자신의 몫을 완벽하게 수행하고 있습니다. 마치 반려견이 맡은 바를 충실히 따르듯이 그들은 충직합니다.

문제는 다른 절반, 즉 마음입니다. 몸은 제 역할을 다하고 있지만 마음은 몸을 학대하고 함부로 대하며 때로는 가혹하게 몰아붙입니다. 고양이나 강아지를 대하는 방식을 떠올려 보십시오. 만약 자기 몸을 반려동물을 대하듯 사랑으로 대할 수 있다면 그것이 바로 사랑입니다.

몸은 마음으로부터 오는 모든 사랑을 기꺼이 받아들이려고 합니다. 하지만 마음은 이렇게 말합니다.

'나는 이 코가 마음에 안 들어. 귀는 너무 크고 몸은 너무 뚱뚱하고 다리는 너무 짧아.' 마음은 몸에 대해 끝없이 부정적인 생각을 만들어냅니다.

나의 몸은 있는 그대로 완벽합니다. 그러나 우리는 옳고 그름, 선과 악, 아름다움과 추함에 대한 수많은 개념들을 갖고 있습니다. 하지만 그것들은 단지 개념일 뿐입니다. 그럼에도 그것을 진실처럼 믿습니다. 바로 거기에 문제가 있습니다.

마음속에 자리 잡은 완벽함의 이미지 때문에 몸이 특정한 모습이어야 한다고 기대하고, 특정한 방식으로 행동해야 한다고 강요합니다. 몸은 나에게 완전히 충성하고 있음에도 나는 그런 충직한 몸을 거부합니다.

몸이 한계 때문에 어떤 일을 하지 못할 때라도 그것은 결코 태만이 아닙니다. 몸은 항상 시도하고 있기 때문입니다. 그런데도 나는 몸을 끊임없이 몰아붙입니다.

이제 스스로에게 물어보십시오

'나는 내 몸을 어떻게 대하고 있는가?'

내가 나의 몸을 거부한다면 다른 사람들은 나에게 무엇을 기대할 수 있을까요?

반대로 당신이 자기 몸을 받아들일 수 있다면, 거의 모든 사람과 거의 모든 상황을 받아들일 수 있습니다. 이것은 관계의 예술에서 매우 중요한 지점입니다. 자기 몸을 거부한 채 사랑을 나누게 되면 부끄러움을 느끼게 됩니다.

'내 몸을 봐. 이런 나를 그가 어떻게 사랑할 수 있겠어?'

이 생각이 나를 나 자신으로부터 떼어놓습니다.

당신은 스스로를 거부하고, 다른 사람도 똑같은 이유로 당신을 거부할 거라고 믿게 됩니다. 그리고 누군가를 거부할 때도, 내 안에서 거부하고 있는 그 부분 때문에 상대를 거부하게 됩니다.

천국으로 가는 길에 다다르는 관계를 만들기 위해서는 무엇보다 자기 몸을 온전히 받아들여야 합니다. 자기 몸을 사랑해야 합니다. 있는 그대로 존재할 자유, 베풀 자유, 받을 자유를 스스로에게 허락해야 합니다. 부끄러움 없이.

왜냐하면 부끄러움은 결국 두려움일 뿐이기 때문입니다. 반려견을 바라보는 장면을 떠올려 보십시오. 당신은 그 개를 사랑의 눈으로 바라보며 존재 자체의 아름다움을 즐깁니다.

그 개가 예쁘든 아니든 전혀 중요하지 않습니다.
그저 바라보는 것만으로도 마음이 황홀해집니다.
왜일까요? 그건 아름다움을 소유하는 문제가 아니기 때문입니다.
아름다움이란, 우리가 배운 하나의 개념일 뿐입니다.

당신은 거북이나 개구리를 못생겼다고 생각합니까?
아니요, 개구리는 아름답습니다. 정말 근사합니다. 거북이도 그렇습니다. 존재하는 모든 생명은 아름답습니다. 모든 것이 그렇습니다. 그런데도 당신은 이렇게 생각합니다. '아, 저건 못생겼어.'

왜냐하면 누군가가 당신에게 '무엇이 아름답고 무엇이 못생긴 것인지' 믿게 만들었기 때문입니다. 마치 누군가가 '무엇이 옳고 무엇이 그른가'를 믿게 만들었던 것처럼 말입니다.
아름답든 못생겼든, 키가 크든 작든, 말랐든 통통하든 아무 문제가 되지 않습니다. 외모가 근사한 것도 전혀 문제가 되지 않습니다.

사람들이 오가는 거리를 걷다가 누군가가 "와, 당신 참 아름다우시네요"라고 말해도, "고맙습니다."라고 웃으며 지나가면 그만입니다. 그 말이 마음에 흔적 하나 남기지 않는 것이죠.

하지만 스스로를 아름답다고 믿지 않는다면 이야기는 달라집니다. 누군가가 예쁘다고 말하면 마음이 흔들립니다.

"정말 그래?" 하고 묻고 싶어집니다. 그 한마디에 감동하고 그 말이 꼭 필요해집니다. 그 순간 당신은 누군가에게 조종당할 수 있는 사람이 됩니다. 그 말이 왜 그렇게 중요한 것처럼 느껴질까요? 스스로 아름답지 않다고 믿고 있기 때문입니다.

당신이 필요한 음식을 이미 다 갖고 있다면 누군가가 "내가 줄게" 하며 통제하려 할 때 이렇게 말할 수 있습니다. "아니요, 괜찮습니다." 하지만 스스로 결핍을 느끼고 있다면 달라집니다.

당신이 아름답기를 바라지만 스스로 그렇다고 느끼지 못할때 누군가가 말할 수 있습니다. "내가 당신이 얼마나 아름다운지 매일 말해줄게요. 대신, 당신의 마음을 내게 열어 주세요." 그럼 이렇게 말하게 됩니다. "네, 제발 저에게 아름답다고 매일 말해 주세요." 이 말이 나를 채워줄 수 있다고 믿기 때문입니다.

중요한 것은 타인의 모든 의견이 아니라 내 마음이 뭐라고 말하느냐입니다. 나는, 내 마음이 뭐라 하든, 그 자체로 아름답습니다. 이것은 진실입니다. 내가 아름다워지기 위해서 더 해야 할 일은 없습니다. 이미 내 안에는 필요한 모든 아름다움이 존재합니다.

누구에게도, 어떤 의무도 갖지 않아도 됩니다. 내가 아름답기 위해서 다른 사람의 인정을 받아야 할 이유는 없습니다. 사람들은 저마다의 방식으로 세상을 봅니다. 누군가 나를 보고 아름답다고 생각하든 그렇지 않든 내가 내 아름다움을 알고 받아들이고 있다면 그들의 시선은 나를 흔들 수 없습니다.

어쩌면 나는, 내가 매력 없다고 믿으며 자라왔을지도 모릅니다. 그래서 남의 아름다움을 질투하게 되었고 그 감정을 숨기기 위해 이렇게 말했을지도 모릅니다.

'난 아름답고 싶지 않아.' 스스로를 속이며 그렇게 말했을 수도 있습니다. 심지어 아름다움 자체를 두려워하고 있었을지도 모릅니다. 그 두려움은 사람마다 다르지만 그 뿌리는 하나일 수 있습니다. 바로 '자기 힘'에 대한 두려움입니다.

아름다움은 단순한 외모의 문제가 아닙니다. 그것은 어떤 영향력입니다. 아름다운 여성은 남성뿐 아니라 여성에게도 영향을 미칩니다. 내가 주목받는 존재가 될 때 누군가는 질투하고 누군가는 판단합니다.

예를 들어 치장을 하고 많은 남성의 시선을 끌게 되었을 때, 나보다 덜 아름답다고 느끼는 여성들이 이렇게 말할 수도 있습니다. "쟤는 문란한 애야."

이 말 때문에 두려워집니다. 사람들의 판단과 시선이 나를 위축시킵니다.

하지만 이것 역시 하나의 개념일 뿐입니다. 그저 사실이 아닌 믿음입니다. 이 믿음은 감정의 몸에 상처를 남깁니다. 그리고 그 상처를 감추기 위해 거짓과 부정으로 덮어버립니다. 질투 역시 마찬가지입니다. 의식이 깨어 있다면 그 믿음에서 벗어나는 일은 어렵지 않습니다. 다른 사람의 질투 또는 내 안의 질투를 어떻게 대할 것인지 배울 수 있습니다. 왜냐하면 진실은 분명하기 때문입니다.

모두가 각자의 방식으로 아름답다는 것. 한 사람의 아름다움과 또 다른 사람의 아름다움 사이에 우열은 없습니다. 단지, '아름다움'

이라는 개념이 사람마다 다를 뿐입니다. 아름다움은 하나의 믿음일 뿐입니다.

하지만 우리는 그 믿음을 현실로 삼고 그 위에 자기 가치를 세우기도 합니다. 아름다움을 유지하기 위해 모든 힘을 쏟아 붓습니다. 그리고 시간이 흐릅니다. 거울 속의 얼굴에서 변화를 느낄 때 '예전 같지 않다'는 생각이 듭니다. 이제는 다른 누군가, 어떤 젊은 여성이 '이 아름다움'이라는 이름으로 주목받습니다.

사람들은 그렇게 자신의 힘이 사라지는 것을 느끼고 그 힘을 붙잡기 위해 성형수술을 고민합니다. 왜냐하면 아름다움이 곧 나의 힘이라고 믿기 때문입니다.

그러다 어느 순간, 상처가 시작됩니다.
'세상에 내 아름다움이 사라지고 있어. 내가 덜 매력적으로 보여도 내 남자는 여전히 나를 사랑할까? 이제 그는 나보다 더 젊고 예쁜 사람을 볼 수도 있겠지.'

이것은 두려움입니다. 그리고 그 두려움은 '아름다움은 힘'이라는 거짓 믿음에서 비롯된 것입니다. 우리는 늙는 것을 거부합니다. 그리고 누군가 나이가 들었다는 이유만으로 더 이상 아름답지 않다고 믿습니다. 하지만 이 믿음은 완전히 잘못된 것입니다. 갓 태어난 아기를 떠올려 보세요. 그 아이는 아무것도 하지 않아도 아름답습니다. 그렇다면 나이가 들었다는 이유만으로 아름다움을 잃는다는 것은 진실이 아닙니다.

문제는 우리가 쓰고 있는 감정의 렌즈입니다. 그 렌즈를 통해 우리는 무엇이 아름다운지, 무엇이 아름답지 않은지를 판단합니다.

우리는 수많은 판단과 프로그램 속에서 살아갑니다. 그 프로그램들은 우리 삶을 조종합니다. 행복을 제약하고 스스로를 부정하게 만들며 결국 타인까지도 밀어내게 만듭니다.

그리고 그렇게, 우리는 이 드라마를 반복합니다. 거짓된 믿음에 따라 움직이고 결국 스스로를 실패하게 만드는 과정을 연출합니다. 하지만 늙어가는 것도 성장과 다르지 않습니다. 아니, 그것은 또 다른 형태의 아름다움입니다.

우리는 어린아이에서 청소년으로, 청년으로 자라납니다. 그 과정은 정말 아름답습니다. 그리고 나이 든 여성이 되고 남성이 되는 것도 아름답습니다.

인간의 삶에는 생식과 관련된 시기가 있습니다. 그 시기 동안 우리는 자연스럽게 성적으로 매력적이고 싶어 합니다. 자연이 그렇게 설계했기 때문입니다. 그러나 그 시기가 지나면 더 이상 그런 방식의 매력을 유지할 필요는 없습니다.

그렇다고 해서 우리가 아름답지 않다는 뜻은 아닙니다.
아름다움은 결코 나이에 갇히는 것이 아닙니다.

나는 내가 믿는 그대로의 존재입니다. 지금 이대로 존재하면 됩니다. 나는 내 아름다움을 느끼고 그것을 온전히 즐길 권리가 있습니다. 내 몸을 존중하고 있는 그대로 받아들일 수 있습니다.

나는 누구의 사랑도 필요하지 않습니다.
사랑은 외부에서 오는 것이 아닙니다.
사랑은 내 안에 존재합니다.

언제나 그 자리에 있습니다.

다만, 내가 만들어낸 '안개의 장벽'이 그 사랑을 가릴 뿐입니다. 내 안에 있는 아름다움을 느낄 수 있을 때, 비로소 세상 밖에 있는 아름다움도 눈에 들어옵니다.

나는 무엇이 아름답고, 무엇이 아름답지 않다고 믿고 있습니다. 그 믿음이 나를 정의합니다. 그리고 내가 나 자신을 좋아하지 않는다면 그 믿음을 바꿔야 합니다.

믿음이 바뀌면 삶이 바뀝니다. 말은 단순해 보일 수 있지만 이 일은 결코 쉽지 않습니다. 왜냐하면 누가 그 믿음을 지배하느냐가, 누가 그 '꿈'을 지배하느냐와 같기 때문입니다.

꿈꾸는 이가 마침내 그 꿈을 지배하게 되었을 때, 그 꿈은 삶이라는 이름의 예술이 됩니다.

매일 아침, 당신의 몸을 위한 푸자(puja, 경건한 헌신의식)를 올리는 것으로 하루를 시작해 보세요. 인도에서는 다양한 신과 여신을 위해 푸자를 드립니다. 신상 앞에 절을 올리고, 꽃을 바치고, 음식을 올리며 사랑과 공경을 표현합니다. 왜냐하면 그 조각상은 신을 상징하기 때문입니다.

당신의 몸도 마찬가지입니다. 당신의 몸은 그 자체로 신성이 깃든 공간입니다. 매일, 당신도 당신의 몸에 헌신적인 사랑을 바칠 수 있습니다. 샤워를 하거나 목욕을 할 때, 그저 씻는 시간이 아니라 존중과 감사를 담아 몸을 대하는 시간이 될 수 있습니다.

음식을 먹을 때에도 한 입 베어 물고 눈을 감아 보세요.

그 음식은 단순한 끼니가 아니라 당신의 몸에 바치는 선물입니다. 이렇게 매일 실천해 나간다면 점점 더 몸을 향한 사랑을 배우게 되고 다시는 자신을 거부하지 않게 될 것입니다.

그렇게 자신의 몸을 경외하는 날, 당신은 어떤 감정을 느끼게 될까요? 완전히 자신을 받아들이게 되었을 때 당신의 몸은 말할 수 없이 소중하고 사랑스럽게 느껴질 것입니다. 그리고 당신은, 진심으로 행복할 것입니다.

그 상태에서 누군가와 관계를 맺게 된다면 당신은 더 이상 스스로를 학대하지 않게 됩니다. 그 가능성은 거의 '제로'에 가까워집니다. 그것이 바로 자기애입니다.

이 자기애는 자기중심과는 다릅니다. 당신이 자신에게 준 사랑,

존중, 감사, 예의는 고스란히 타인에게도 흘러갑니다. 그런 관계 속에서 우리는 얼마나 깊은 완전함을 발견할 수 있을까요?

그것은 서로의 안에 있는 신성을 축복하는 일입니다. 자신과 몸 사이에 완전한 관계를 맺는 것을 삶의 목표로 삼게 되면 당신은 누구와도 완전한 관계를 맺는 법을 배울 수 있습니다. 어머니, 친구, 연인, 자녀, 그리고 함께 살아가는 반려견까지도 마찬가지입니다.

나와 나의 몸 사이에 깊은 신뢰와 사랑이 자리 잡는 순간, 세상과 맺는 모든 관계 속에서 나의 몫은 이미 충족된 것입니다. 이제는 외부 관계에 의존하지 않아도 됩니다.

나와 내 몸에 대한 헌신의 방식을 알게 되었을 때, 연인의 몸을 만지는 순간 그 손길 안에는 똑같은 헌신과 사랑, 존중과 감사가 담기게 됩니다.

당신의 연인이 당신의 몸을 만질 때에도 그 몸은 스스로를 열어 놓습니다. 그 안에는 두려움도 없고 결핍도 없습니다. 오직 사랑만이 존재합니다.

그런 방식으로 사랑을 나눌 수 있다면 과연 어떤 가능성들이 열릴까요? 서로를 굳이 만지지 않아도 됩니다. 그저 눈을 바라보는 것만으로도 마음과 영혼이 원하는 모든 것이 충족됩니다. 몸은 이미 당신의 사랑으로 가득 차 있기 때문입니다.

더 이상 외롭지 않습니다. 당신 안의 사랑이 충분하기 때문입니다. 이제 당신이 얼굴을 어느 방향으로 돌리든 그 모든 방향마다 사랑이 흐릅니다. 하지만 그 사랑은 타인에게서 오는 것이 아닙니다. 당신은 나무를 바라보며 그 나무가 당신에게 보내는 사랑을 느낄 수 있습니다.

하늘을 올려다보며 그 하늘이 당신의 마음을 가득 채우는 것을 느낄 수 있습니다. 이제 신은 어디에나 존재합니다.
더 이상 이론이 아닙니다. 신은 삶의 모든 곳에 있습니다. 생명은, 존재는, 사랑은, 당신이 바라보는 모든 곳에 살아 있습니다.

모든 것은 사랑과 생명으로 이뤄져 있습니다. 심지어 두려움조차도 결국은 사랑의 반영입니다. 하지만 두려움은 마음 안에서 생겨납니다. 그리고 인간은 그 두려움에 의해 쉽게 지배당합니다. 그렇게 마음속에 있는 것을 기준 삼아 우리는 세상을 해석하게 됩니다.
두려움이 있다면 우리는 세상의 모든 것을 두려움의 필터를 통해 바라봅니다. 화가 나 있다면 세상의 모든 것은 분노의 렌즈로 왜곡됩니다. 감정은 마치 세상을 바라보는 필터처럼 작동합니다.

이렇게도 말할 수 있습니다. 눈은 나의 감정을 드러내는 창입니다. 나는 지금의 감정 상태로 세상을 봅니다. 화가 난 눈으로 세상을 바라보면 모든 것이 분노로 물든 것처럼 보입니다. 질투에 사로잡힌 눈으로 보면 다른 사람의 행복조차 불편하게 느껴집니다.
왜냐하면 질투의 시선으로 세상을 보고 있기 때문입니다.

광기에 휩싸인 상태라면 모든 것이 성가시고 짜증스럽고 견딜 수 없게 느껴집니다.
슬픔에 잠겨 있다면 하늘에서 내리는 비조차 슬픔의 이유가 됩니다. 조그마한 소리 하나에도, 작은 일 하나에도 눈물이 납니다.

하지만 진실은 비는 그저 비일 뿐입니다. 소리는 그저 소리일 뿐입니다. 세상은 해석되지 않아도 그 자체로 존재합니다. 그러나 우리가 감정의 눈으로 세상을 보기 때문에 모든 것을 감정의 언어로 받아들이게 됩니다. 그리고 그 언어는 언제나 내 마음 안에서 만들어집니다.

사랑의 눈으로 세상을 바라보면 당신은 가는 곳마다 사랑을 발견하게 됩니다. 나무도 사랑으로 이뤄졌고 동물도 사랑으로 이뤄졌으며 물조차도 사랑으로 이뤄졌습니다.

사랑으로 인식하는 순간 나의 의지는 다른 꿈꾸는 이의 의지와 연결됩니다. 두 사람의 꿈은 하나가 됩니다. 사랑의 눈으로 바라보면 당신은 새와 하나가 되고, 자연과 하나가 되며, 사람과도, 모든 존재와도 하나가 됩니다.

그러면 당신은 독수리의 눈으로 세상을 볼 수 있습니다. 당신이 곧 날개가 되고, 비가 되고, 구름이 되기도 합니다. 그 모든 것과 하나가 됩니다. 하지만 그렇게 되기 위해서는 두려움으로 가득 찬 마음을 비워야 합니다. 사랑의 눈으로 바라보는 법을 배워야 합니다.

당신의 의지를 단련해 아주 강해지면 다른 이의 의지와도 하나로 연결될 수 있습니다. 그때 당신은 진짜 날개를 갖게 됩니다. 아니면 바람이 되어 이곳에도 가고, 저곳에도 가며, 구름을 밀어내고, 햇빛이 비치게 할 수도 있습니다. 이것이 사랑의 힘입니다.

마음과 몸의 필요가 충족되면 눈은 자연스럽게 사랑으로 세상을 보기 시작합니다. 우리는 어디서든 신을 보게 됩니다. 심지어 다른 사람 안에 있는 마음의 기생충 너머에서도 신의 흔적을 볼 수 있게 됩니다.

모든 인간 안에는 모세가 백성에게 약속했던 약속의 땅이 존재합니다. 그 약속의 땅은 인간 정신의 영역 안에 있습니다. 하지만 그곳은 오직 사랑을 위한 비옥한 마음에서만 존재할 수 있습니다. 왜냐하면 그곳에 신이 머물기 때문입니다. 인간의 마음은 누구에게나 비옥한 땅입니다. 그러나 그 땅은 시기, 분노, 질투, 두려움 같은 마음의 기생충들이 자라나는 곳이기도 합니다.

기독교 전통에서는 가브리엘이 나팔을 불며 부활을 알리고, 모든 이들이 무덤에서 나와 영원한 생명을 누린다고 말합니다. 그 무덤이 무엇일까요? 그것은 마음의 기생충입니다. 그리고 부활이란 생명으로 돌아오는 일입니다. 우리는 언제 살아 있다고 말할 수 있을까요? 바로, 우리의 눈이 생명, 곧 사랑을 볼 수 있을 때입니다. 그때 비로소 우리는 살아 있는 존재가 됩니다.

당신은 천국의 꿈을 이룰 수 있습니다. 낙원을 창조할 수 있습니다. 그러나 그 시작은 언제나 당신 자신으로부터입니다. 그 출발점은 자신의 몸을 완전히 수용하는 것입니다.

그리고 마음의 기생충을 사냥하고 그것을 굴복시키는 것.
그때 내 마음은 더 이상 나의 몸을 방해하지 않게 됩니다. 마음은 몸을 사랑하게 됩니다. 그 사랑은 이제 막하지 않습니다. 이 여정은 전적으로 자신에게 달려 있습니다. 다른 누구에게서 오는 것이 아닙니다.

그러나 먼저, 당신은 배워야 할 것입니다.
감정의 몸을 치유하는 법을.

3장

Chapter 3

치유의
세 가지 열쇠

three
Keys to Healing

치유의 세 가지 열쇠

 피부에 상처가 나고 그 상처가 감염된 상태라고 상상해 봅시다. 병원에 가면 의사는 메스로 상처를 열고 안을 소독한 뒤 약을 바릅니다. 이후 상처가 낫고 더 이상 아프지 않을 때까지 깨끗하게 유지합니다.

감정의 몸을 치유하는 과정도 이와 다르지 않습니다.
상처를 열고, 소독하고, 약을 쓰고, 상처가 아물 때까지 깨끗이 지켜야 합니다. 그렇다면 감정의 상처는 어떻게 열 수 있을까요? 진실을 메스로 사용하여 상처를 열어야 합니다.

2천 년 전, 가장 위대한 스승 중 한 분이 이렇게 말했습니다. "진리가 너희를 자유롭게 하리라."
진실은 메스와 같습니다. 상처를 열고 거짓을 드러내는 일은 아프기 때문입니다. 감정의 몸에 난 상처는 부정의 체계 곧, 상처를 보호하기 위해 우리가 만든 거짓의 구조로 덮여 있습니다. 하지만 진실의 눈으로 그 상처를 바라볼 수 있을 때 마침내 우리는 그 상처를 치유할 수 있습니다.

가장 먼저, 자신에게 진실해지는 연습부터 시작해야 합니다. 스스로에게 진실해지면 모든 것을 있는 그대로 보기 시작합니다. 보고 싶은 대로가 아니라 있는 그대로 보게 됩니다.

감정적으로 민감한 예를 하나 들어 보겠습니다. 바로 성폭행입니다. 가령, 10년 전에 성폭행을 당했다고 해 봅시다.

그것은 사실입니다. 분명히 그런 일이 있었습니다. 하지만 지금 이 순간, 그것은 더 이상 '현재의 사실'이 아닙니다.

그것은 과거의 일입니다. 꿈과 다르지 않은 과거 속에서 누군가가 폭력으로 해쳤던 것입니다. 당신은 그런 일을 원하지 않았습니다. 그리고 그것은 결코 개인적인 문제가 아니었습니다. 어떤 이유에서든 그런 일이 당신에게 벌어졌습니다. 그리고 그것은 누구에게나 일어날 수 있는 일입니다. 하지만 그런 일을 당했다는 이유로 당신이 평생 자신의 성적 감각을 잃은 채 고통 받아야 할까요?

당신을 그토록 오랫동안 고통 속에 붙잡아 두는 것은 성폭행범이 아닙니다. 그것은 당신 스스로의 판단과 죄책감입니다. 그리고 그 판단이, 세상에서 가장 아름다운 경험 중 하나를 다시는 누리지 못하도록 스스로를 벌하고 있는 것입니다.

어떤 경우에는 성폭행이 평생 성적 감각을 파괴하기도 합니다. 그렇다면 정의는 어디에 있습니까? 당신은 가해자가 아닌데 왜 하지도 않은 일로 평생 고통 받아야 합니까?

성폭행을 당한 것은 결코 당신의 잘못이 아닙니다. 그러나 당신 마음속의 심판자는 당신을 부끄러움과 고통 속에 수년간 가둬둘 수 있습니다. 이 부당함은 깊은 감정적 상처를 남깁니다. 그리고 엄청난 양의 감정적 독을 만들어냅니다. 이를 해소하기 위해서는 때로 수년간의 치료가 필요할 수 있습니다.

하지만 진실은 이렇습니다. 그래요, 당신은 분명 성폭행을 당했습니다. 그러나 지금 이 순간, 그 일로 여전히 고통 받아야 한다는 것은 사실이 아닙니다. 그것은 선택입니다.

이것이 진실을 메스로 삼는 첫 번째 단계입니다.

상처를 만든 부당함이, 지금 이 순간에는 더 이상 사실이 아님을 아는 것.

때로는 당신이 그렇게까지 상처받았다고 믿는 일이 실제로는 전혀 사실이 아니었음을 깨닫게 될 수도 있습니다.

설령 그것이 사실이었다 해도, 지금 이 순간은 아닙니다. 진실을 통해 상처를 열고 새로운 시각으로 자신을 괴롭히는 그 얽매임을 바라보세요.

이 세상의 진실은 상대적입니다. 우리는 각자 자기가 만든 꿈(개념과 생각, 개개인의 기준)이 펼쳐진 환상의 세계에 살고 있기 때문에 진실은 끊임없이 변합니다. 지금은 진실인 것이 나중에는 진실이 아닐 수 있고, 다시 진실이 될 수도 있습니다.

심지어 '지옥의 진실'조차도 또 하나의 개념, 또 하나의 거짓일 수 있습니다. 그리고 그것은 누군가가 당신을 공격하는 무기로 쓰일 수도 있습니다. 우리의 부정 체계는 매우 강력하고 복잡합니다. 진실이 거짓을 덮고 거짓이 진실을 덮는 일이 반복됩니다. 마치 양파 껍질을 하나하나 벗기듯, 우리는 조금씩 진실을 드러내야 합니다.

그리고 마침내 눈을 뜨게 되면 당신은 자신을 포함한 모든 사람들이 끊임없이 자기만의 의식이 만든 생각과 기준으로 말하고 있다는 사실을 깨닫게 됩니다.

이 환상의 세계에서 존재하는 거의 모든 것은 진실이 아닌, 상대적 진실입니다. 그래서 저는 제 제자들에게 진실을 보기 위한 세 가지 규칙을 전합니다. 첫 번째 규칙은 간단합니다.

나를 믿지 마십시오.

굳이 저를 믿을 필요는 없습니다. 대신, 스스로 생각하고 선택하십시오. 제가 한 말을 믿고 싶다면 그것이 당신에게 의미가 있고 당신을 행복하게 만들며 당신의 깨어남을 돕는다고 느낄 때만 믿으십시오. 믿는 것은 전적으로 당신의 선택입니다.

저는 제가 하는 말에 대한 책임이 있습니다. 그러나 당신이 그것을 어떻게 이해하느냐에 대해서는 책임이 없습니다. 왜냐하면 우리는 완전히 다른 꿈(개념, 의식)을 갖고 있기 때문입니다.

제가 말하는 것이 저에게는 절대적인 진실일지라도 당신에게는 그렇지 않을 수 있습니다. 그러니 첫 번째 규칙은 이렇습니다. 나를 믿지 마십시오.

두 번째 규칙은 더 어렵습니다. 자신을 믿지 마십시오.

당신이 스스로에게 하는 모든 거짓말을 믿지 마십시오. 그것은 당신이 선택해서 믿은 것이 아니라 무의식으로 그렇게 믿게 된 것일 수 있습니다.

가령, '나는 충분하지 않다.'

'나는 강하지 않다.'

'나는 똑똑하지 않다.' 이런 말을 믿지 마십시오.

'나는 행복할 자격이 없다.'

'나는 사랑받을 자격이 없다.'

'나는 아름답지 않다.' 이것도 믿지 마십시오.

고통을 주는 믿음을 믿지 마십시오. 자신이 생각으로 확장시켜 놓은 그 드라마를 믿지 마십시오. 내면의 심판자나 피해자의 목소리를 믿지 마십시오.

'너는 멍청해, 차라리 사라져'라고 속삭이는 그 내면의 소리를 믿지 마십시오. 그것은 진실이 아닙니다.

귀와 마음을 열어 잘 들으십시오. 당신의 마음이 당신을 행복으로 이끄는 소리를 들을 수 있을 때 그때 선택하고 그 선택을 따르십시오.

하지만 단지 당신이 그렇게 말했다는 이유만으로 자신을 믿지는 마십시오. 당신이 믿고 있는 것의 거의 모든 것은 거짓입니다. 그것은 진실이 아닙니다. 그저 지금, 이 순간 눈앞에 펼쳐지는 모든 것을 머릿속 판단과 내면의 잣대 없이 바라보세요. 그것만이 진짜입니다.

바람이 부는 것은 그저 바람이 부는 것입니다. '태풍이 오고 있나보군', '드디어 가을이 오려나?'가 아니라 그저 바람이 불고 있는 것. 그 자체만이 진실입니다.

그러니 두 번째 규칙은 이렇습니다. 자신의 생각, 마음, 믿음 그 모든 것을 '진실인 것'으로 믿지 마십시오.

세 번째 규칙은 이것입니다. 다른 사람을 믿지 마십시오.

다른 사람들도 끊임없이 거짓을 말합니다. 그것은 의도적일 수도, 무의식적일 수도 있습니다. 당신이 감정적인 상처 없이 단지 인정받기 위해서 누군가의 말을 믿을 필요가 없는 상태가 되면 모든 것을 훨씬 더 명확하게 볼 수 있습니다.

그것이 맞는지 아닌지, 흑인지 백인지, 지금의 진실인지 거짓인지 분명하게 구분할 수 있습니다. 이 세상에서 지금 진실인 것이 몇 분 뒤에는 진실이 아닐 수 있습니다. 지금 거짓인 것이 몇 분 뒤에는 진실이 될 수도 있습니다.

모든 것은 아주 빠르게 변합니다. 그러나 당신이 깨어 있다면 그 변화를 분명히 볼 수 있습니다. 다른 사람의 말을 듣는 그대로 믿지 마십시오. 그들의 마음도 수천 번 달라지며 그 순간에 융합된 생각과 마음 감정으로 말한 것일 뿐. 그것은 언제든 변할 수 있습니다.

누군가 이렇게 말할 수 있습니다. "나는 이 세상 밖에서 온 영혼이며 세상을 구할 사명으로 이곳에 왔다."

이런 말을 믿지 마십시오. 누구도 이 세상을 구하러 올 필요가 없습니다. 세상은 살아 있는 존재입니다. 하나의 생명체이며 우리 모두를 합친 것보다 더 지혜롭습니다. 우리가 '세상은 구원받아야 한다'고 믿는 순간, 누군가가 나타나 이렇게 말할지도 모릅니다.

"혜성이 오고 있다. 지구를 떠나야 한다. 죽으면 혜성에 실려 천국에 갈 수 있다." 이런 신화들을 믿지 마십시오.

당신만의 천국은 당신이 창조하는 것입니다. 누구도 대신 만들어 줄 수 없습니다. 오직 상식만이 당신을 당신의 행복과 창조로 이끌 것입니다.

세 번째 규칙은 어렵습니다. 우리는 본능적으로 타인을 믿고 싶어 하기 때문입니다. 그러나 믿지 마십시오. 나를 믿지 마십시오. 자신을 믿지 마십시오. 그리고 누구도 믿지 마십시오. 믿지 않으면 그저 이 순간을 보고, 이 순간에 있으면 이 환상의 세계에서 진실이 아닌 것은 연기처럼 사라집니다. 모든 것은 그저 있는 그대로일 뿐입니다.

진실은 정당화할 필요도, 설명할 필요도 없습니다. 진실은 누구의 지지도 필요하지 않습니다.

그러나 거짓말은 다릅니다. 거짓말은 나의 지지를 필요로 합니다. 첫 번째 거짓말을 떠받치기 위해 또 다른 거짓말을 만들고 그 거짓말을 지탱하기 위해 또 다른 거짓말을 만듭니다. 그렇게 거짓 위에 거짓이 쌓여 하나의 거대한 구조물이 됩니다.

하지만 진실이 드러나는 순간, 그 모든 것은 무너집니다.

그저 그렇게 될 뿐입니다. 그리고 내가 거짓말을 하고 있다고 해서 죄책감을 느낄 필요는 없습니다. 내가 믿고 있는 대부분의 거짓말은 우리가 그것을 믿지 않으면 그저 흩어져 사라집니다.

거짓은 의심을 견디지 못하지만, 진실은 어떤 의심에도 무너지지 않습니다. 진실은 어떤 공격에도 그대로 있기 때문입니다. 당신이 믿든 말든, 진실은 존재합니다.

당신의 몸은 원자로 이뤄져 있습니다. 당신이 그것을 믿든 말든, 그것은 사실입니다. 우주는 별들로 이뤄져 있습니다. 당신이 믿든 말든, 그것 역시 사실입니다.

오직 진실만이 살아남습니다. 그리고 그 진실 안에는 당신이 자신에 대해 갖고 있는 개념들도 포함됩니다.

우리는 어린 시절 무엇을 믿을지 선택할 기회가 없었습니다. 그러나 이제는 다릅니다. 우리는 성장했고 이제는 선택할 수 있는 힘을 갖게 되었습니다. 믿을 수도 있고 믿지 않을 수도 있습니다.

어떤 것이 진실이 아니라 해도 우리가 원한다면 그냥 믿을 수도 있습니다. 그러나 그 믿음은 우리 삶의 방향을 바꿉니다. 당신은 스스로 어떻게 살 것인지 선택할 수 있습니다. 그리고 자신에게 정직하다면 언제든 새로운 선택을 할 수 있다는 것을 알게 될 것입니다.

우리가 진실의 눈으로 볼 준비가 되었을 때, 우리는 일부 거짓을 벗겨내고 상처를 엽니다. 그러나 그 상처 안에는 여전히 독이 남아 있습니다.

일단 상처를 열었으면 이제 그 안에 있는 독을 모두 씻어내야 합니다. 어떻게 씻어낼 수 있을까요? 이 질문에 대해 위대한 스승은 2천 년 전에 이미 답을 주었습니다. 그 해답은 단 하나 '용서'입니다.

상처 속의 독을 씻어내는 방법은 용서밖에 없습니다.

당신을 상처 입힌 사람들을 반드시 용서해야 합니다. 그들이 저지른 일이 아무리 용서받을 수 없는 일이라 해도 마찬가지입니다. 그들이 용서를 받을 자격이 있어서가 아닙니다. 당신이 그 일을 떠올릴 때마다 스스로를 아프게 하고 싶지 않기 때문에 용서하는 것입니다. 다른 사람들이 당신에게 무엇을 했는지는 중요하지 않습니다. 당신은 단지 자신이 계속 아프고 병들기를 원하지 않기 때문에 용서해야 합니다.

용서는 당신 자신의 마음을 치유하기 위한 것입니다. 스스로를 향한 연민 때문에 용서하게 됩니다. 용서는 곧 자기 사랑의 행위입니다.

한 이혼한 여성을 생각해 봅시다. 그녀는 십 년 동안 결혼 생활을 했습니다. 어떤 이유에서든 남편과 큰 싸움을 하고 큰 부당함을 겪었습니다. 이혼 후, 그녀는 전남편을 몹시 증오합니다. 그의 이름만 들어도 배에서 격한 통증이 일고 토할 것 같은 기분이 듭니다. 감정의 독이 너무 강해서 더는 견딜 수 없습니다. 마침내 그녀는 도움을 구하고자 치료사를 찾아가 이렇게 말합니다.

"정말 고통스럽습니다. 그 사람이 한 짓은 도저히 용서할 수 없습니다. 그 사람을 증오해요."

치료사는 이렇게 말합니다.

"감정을 해소해야 합니다. 분노를 표현하세요. 큰 짜증을 내고 베개를 물어뜯고, 때리고, 마음껏 화를 터뜨려 보세요."

그녀는 집으로 돌아가 정말 큰 짜증을 냅니다. 온갖 감정을 분출하고 나니, 마치 독이 빠져나간 듯 한결 가벼워진 느낌이 듭니다. 치료사에게 돌아가 백 달러를 지불하며 말합니다. "정말 감사합니다. 한결 나아졌어요." 얼굴에는 오랜만에 환한 미소가 번집니다.

그런데 치료사 사무실을 나선 순간, 도시를 지나가던 전남편을 마주칩니다. 그 즉시, 똑같은 분노가 치밀어 오릅니다. 아니, 이번에는 오히려 더 심합니다. 그녀는 또다시 치료사에게 달려갑니다. 또다시 백 달러를 지불하고 또 하나의 분노 발작을 겪습니다.

이런 식의 감정 해소는 일시적인 해결에 불과합니다. 어느 정도 독은 빠져나갈 수 있지만 상처 자체는 치유되지 않습니다. 상처를 치유하는 유일한 방법은 용서입니다. 그 부당함에 대해 전남편을 용서해야 합니다. 그 사람을 봐도 아무런 감정이 들지 않을 때, 그 이름을 들어도 아무런 반응이 일어나지 않을 때, 그제야 그를 진정으로 용서했음을 알게 됩니다.

상처를 건드려도 더 이상 아프지 않다면 그것은 이미 치유된 것입니다. 물론 흉터는 남습니다. 피부의 흉터처럼 그 일이 있었던 기억은 사라지지 않습니다. 예전의 고통이 어떤 것이었는지 기억은 하게 될 것입니다.

그러나 상처가 완전히 아물고 나면 그 기억은 더 이상 나를 아프게 하지 않습니다.

어쩌면 이렇게 생각할지도 모릅니다. "용서하라는 말은 쉬워요. 저도 해보려고 했지만 도저히 할 수가 없어요."

당신은 용서할 수 없는 온갖 이유와 정당화를 갖고 있을 수 있습니다. 그러나 그것은 진실이 아닙니다. 진실은 이렇습니다. 당신이 용서하지 못하는 이유는 용서하지 않는 법을 배웠기 때문입니다.

용서하지 않는 연습을 해왔고 결국 용서하지 않는 능력을 익히게 된 것입니다. 어린 시절, 용서는 우리의 본능이었습니다. 정신적 질병에 감염되기 전, 용서는 힘들이지 않아도 자연스러운 일이었습니다.

우리는 누군가를 거의 즉시 용서하곤 했습니다. 두 아이가 함께 놀다가 싸우고 서로를 때렸다고 해 봅시다. 아이들은 울면서 엄마에게 달려가 "얘가 나를 때렸어요!"라고 말합니다. 그러면 한쪽 엄마가 다른 쪽 엄마에게 가서 이야기하고 두 엄마는 서로 자기 아이 편을 들며 다툽니다. 하지만 불과 얼마 뒤, 아이 둘은 아무 일도 없었던 것처럼 다시 함께 놀고 있습니다. 하지만 두 엄마는 이후 서로를 계속 미워하게 됩니다.

우리는 용서를 배워야 해서가 아니라 이미 타고난 능력이기 때문에 배울 필요가 없습니다. 그런데 무슨 일이 일어났을까요? 그와 정반대되는 행동을 배웠습니다. 그리고 그 반대 행동을 끊임없이 연습했습니다. 그 결과 지금 용서는 매우 어려운 일이 되었습니다.

누군가 나에게 잘못을 저질렀다면 그걸로 끝입니다. 그 사람은 내 인생에서 퇴출됩니다. 그리고 자존심의 전쟁이 됩니다. 왜일까요?

내가 용서하지 않을 때 나의 개인적 중요성이 커지기 때문입니다. "그녀가 뭘 하든, 나는 용서하지 않을 거야. 그녀가 한 짓은 절대 용서받을 수 없어."

이렇게 말할때 나의 판단이 더 중요한 것이 됩니다. 진짜 문제는 자존심입니다. 자존심과 체면 때문에 부당함을 더 크게 부풀리며 절대 용서하지 않겠다는 결심을 굳힙니다.

그 결과, 고통을 겪고 더 많은 감정적 독을 쌓는 사람은 누구일까요? 바로 자신입니다. 심지어 나와 아무런 상관없는 사람들의 행동으로 고통을 받기도 합니다. 또 자신을 학대한 사람을 벌주기 위해서 스스로 고통 받는 법도 배웁니다. 마치 주목받기 위해 떼쓰는 아이처럼, "봐, 네가 한 짓 때문에 내가 이렇게 고통받고 있어."라고 말하려는 것입니다. 참 우스운 일이지만 이것이 실제로 우리가 하는 행동입니다.

진짜로 내가 말하고 싶은 것은 "신이시여, 저를 용서해주세요."이지만, 신이 먼저 우리에게 용서를 구하지 않는 한 우리는 입도 열지 않습니다.

때로는 부모나 친구, 연인에게 왜 그렇게 화가 나 있는지도 모릅니다. 그런데 어떤 이유로 상대가 먼저 용서를 구하면 울음을 터뜨리며 "아니에요, 제가 용서받아야 해요."라고 말합니다.

구석에서 떼쓰고 있는 아이를 찾아가세요. 자존심은 쓰레기통에 버리십시오. 더 이상 필요 없습니다. 개인적인 중요성을 놓아버리고 용서를 구하세요. 다른 사람을 용서하세요. 그러면 당신의 인생에 기적이 일어나는 것을 보게 될 것입니다.

먼저, 내가 용서를 구해야 한다고 생각하는 모든 사람의 목록을 작성하세요. 그리고 그들에게 용서를 구하십시오. 시간이 없어서 직접 연락할 수 없다면 기도나 꿈속에서라도 용서를 구할 수 있습니다.

다음으로, 나에게 상처를 준 모든 사람의 목록을 작성하세요. 그들은 내가 용서해야 할 사람들입니다. 부모님, 형제자매, 자녀, 배우자, 친구, 연인, 고양이, 강아지, 정부, 그리고 신까지 포함해서요.

이제 당신은 이렇게 이해하게 될 것입니다. 누군가가 당신에게 저지른 일은 사실 당신과는 아무런 관련이 없었다는 것을.

모든 사람은 자기만의 꿈을 꿉니다. 당신을 아프게 했던 말과 행동은 그 사람 마음속의 악마에 대한 반응일 뿐입니다. 그 사람은 지옥 속에서 꿈을 꾸고 있었고 당신은 그 꿈속에서 등장하는 부차적인 인물에 불과했습니다.

아무도 '당신 때문에' 무언가를 하는 것은 아닙니다. 이 사실을 깨닫고 개인적으로 받아들이지 않게 되면 연민과 이해가 당신을 용서로 이끌 것입니다.

이제 용서를 실천하기 시작하십시오. 처음에는 어렵지만 곧 습관이 됩니다. 용서를 회복하는 유일한 방법은 연습하는 것입니다. 계속해서 연습하고 또 연습하다 보면 결국 당신은 자신을 용서할 수 있는지 알게 될 것입니다.

그리고 어느 순간 깨닫게 됩니다. 나는 내가 꾼 꿈속에서 만들어낸 모든 상처와 독에 대해 스스로를 용서해야 한다는 것을. 자신을 용서할 때 자기 수용이 시작됩니다. 자기애가 자라납니다.

이것이 가장 위대한 용서입니다.
마침내 자신을 용서하는 것 말입니다.

자신의 인생 전체에서 저질렀다고 믿는 모든 일에 대해 스스로를 용서하는 '행동의 의식'을 행하세요. 그리고 만약 전생을 믿는다면 모든 전생에서 자신이 저질렀다고 믿는 것들에 대해서도 용서하십시오. 카르마라는 개념은 우리가 그것이 사실이라고 믿기 때문에만 진실이 됩니다.

우리는 선과 악에 대한 믿음 때문에 나쁘다고 여기는 일에 부끄러움을 느끼고 죄책감을 느끼며 벌을 받아야 한다고 믿습니다. 그리고 결국 스스로를 벌하게 됩니다.
내가 만들어낸 것이 너무 더럽다고 여겨져서 반드시 씻어내야 한다고 생각합니다. 그리고 내가 그것을 믿는 순간, '당신의 뜻이 이루어질 것이다.' 라는 그 믿음은 곧 나 자신의 현실이 됩니다.

나는 카르마를 스스로 만들어내고 그 대가를 치러야 한다고 믿습니다. 그것이 바로 나의 힘입니다. 나 자신의 그러나 오래된 이 카르마를 깨뜨리는 것은 간단합니다. 그 믿음을 멈추고 더 이상 믿지 않으면 카르마는 사라집니다. 고통 받을 필요도 어떤 대가를 치를 필요도 없습니다. 그 순간 모든 것은 끝납니다.

자신을 용서할 수 있다면 카르마는 그렇게 간단히 사라집니다. 그리고 그 순간부터 나는 완전히 새롭게 다시 시작할 수 있습니다.

그때 삶은 쉬워집니다. 왜냐하면 용서야말로 감정의 상처를 깨끗이 치유하는 유일한 방법이기 때문입니다. 용서만이 그 상처들을 치유할 수 있는 유일한 길입니다.

상처를 모두 깨끗이 치유한 후에는 회복을 가속화시켜줄 강력한 약이 필요합니다. 그것은 바로 사랑입니다. 사랑은 치유 과정을 가속화시키는 약입니다. 조건 없는 사랑 외에 다른 약은 없습니다.

'~라면 사랑해' 혹은 '내가 이러니까 나를 사랑해' 같은 조건부 사랑은 사랑이 아닙니다.

이유도, 설명도 없습니다. 그저 사랑하는 것입니다. 자신을 사랑하고, 이웃을 사랑하고, 적까지도 사랑하는 것입니다. 이것은 단순하고 상식적인 일입니다. 그러나 스스로를 사랑하지 않는 한 다른 사람을 사랑할 수 없습니다. 그래서 사랑은 자기애에서 시작해야 합니다.

행복을 표현하는 방법은 수백만 가지가 있습니다. 하지만 진정으로 행복해지는 방법은 단 하나뿐입니다. 그것은 사랑입니다. 다른 길은 없습니다. 자신을 사랑하지 않으면, 행복할 기회는 없습니다. 왜냐하면 자신이 갖고 있지 않은 것을 다른 이에게 줄 수 없기 때문입니다.

자신을 사랑하지 않으면 다른 누구도 사랑할 수 없습니다.

사랑에 대한 갈망은 있을 수 있습니다. 누군가가 나를 필요로 하고 나도 그를 필요로 한다면, 사람들은 그것을 사랑이라고 부릅니다. 그러나 그것은 사랑이 아닙니다.

그것은 소유욕이며, 이기심이며, 존중 없는 통제일 뿐입니다. 스스로를 속이지 마십시오. 그것은 사랑이 아닙니다.

자기 안에서 우러나오는 사랑만이 진정한 행복으로 가는 유일한 길입니다. 자기 자신에 대한 무조건적인 사랑. 그 사랑에 온전히 자신을 내맡기는 것.

더 이상 삶을 거부하지 않고 더 이상 자신을 거부하지 않으며 더 이상 죄책감과 수치심을 짊어지지 않는 것입니다. 그저 있는 그대로의 자신을 받아들이고 다른 사람들도 있는 그대로 받아들이는 것.

우리는 사랑할 권리가 있습니다. 웃을 권리가 있습니다. 행복할 권리가 있습니다. 우리 안의 사랑을 나눌 권리가 있고 또한 그것을 받는 것을 두려워하지 않을 권리도 있습니다.

그것이 바로 치유입니다. 단 세 가지의 핵심진실, 용서, 그리고 자기애. 이 세 가지를 통해 세상 전체가 치유될 것입니다. 이때 이 세상은 더 이상 정신병원이 아니게 됩니다.

이 마음의 치유를 위한 세 가지 열쇠는 예수님과 부처도 같은 가르침을 주었고 크리슈나도 마찬가지였습니다. 그 외에도 수많은 지혜자들이 같은 결론에 도달하여 같은 가르침을 전했습니다.

일본에서 멕시코까지, 페루에서 이집트와 그리스에 이르기까지, 인류는 마음의 병을 깨달았고 세 가지 방법 즉, 진실, 용서, 자기애로 치유해 왔습니다.

만약 우리가 지금의 마음 상태를 병으로 볼 수 있다면 그 병에 대한 해답도 찾을 수 있습니다. 더 이상 고통 받을 필요가 없습니다. 우리 마음이 병들어 있고 감정의 몸이 상처 입어 있다는 것을 자각한다면 우리는 스스로를 치유할 수 있습니다.

이제 상상해 보십시오.

모든 사람이 자기 자신에게 솔직해지고 모든 사람을 용서하며 모든 존재를 사랑하기 시작한다면 어떻게 될까요?

그 순간, 사람들은 더 이상 이기적이지 않을 것입니다. 줄 준비가 되어 있고 받을 준비도 되어 있을 것입니다. 서로를 판단하지 않을 것입니다. 뒷말은 사라지고 감정의 독 또한 저절로 사라질 것입니다.

이제 우리는 완전히 다른 '행성의 꿈'을 이야기하고 있습니다. 그것은 지금 우리가 사는 지구와는 전혀 다른 모습입니다. 이것이 바로 예수가 말한 지상천국, 부처가 말한 열반, 모세가 말한 약속의 땅입니다.

그곳은 우리 모두가 사랑 속에서 살아가는 곳입니다. 우리가 사랑에 마음을 집중했기에 가능한 곳입니다. 우리가 사랑하기로 선택했기 때문입니다. 당신이 그 새로운 꿈을 뭐라고 부르든 그것도 여전히 꿈입니다.

지옥의 꿈만큼이나 진짜이거나 그만큼이나 허상일 수 있습니다. 그러나 이제 나는 어느 꿈속에서 살 것인지를 선택할 수 있습니다.

이제 나는 나 스스로를 치유할 수 있는 도구를 손에 쥐었습니다. 문제는 단 하나입니다. 그 도구로 당신은 무엇을 할 것입니까?

4장

Chapter 4

사랑의 길,
두려움의 길

The Way
of Love, The Way of Fear

Love, But Do Not Lose Yourself

사랑의 길, 두려움의 길

 삶은 하나의 꿈(의식, 생각, 자기개념)입니다. 당신이 자신에 대해 알고 있다고 믿는 모든 것은 오직 당신에게만 진실인 환상일 수 있습니다.

당신의 진실은 다른 사람들에게는 진실이 아닙니다. 그 '다른 사람'에는 당신의 자녀도, 부모도 포함됩니다. 당신은 자신에 대해 어떤 믿음을 갖고 있고 어머니는 또 다른 믿음을 가지고 있습니다.

어머니는 당신을 잘 안다고 생각하겠지만 그녀는 진짜 당신이 누구인지 모릅니다. 당신도 마찬가지입니다. 어머니가 어떤 사람인지, 진짜 무엇을 생각하며 살아왔는지 당신은 알지 못합니다. 그녀는 누구에게도 말하지 않은 환상을 마음속에 간직한 채 살아갑니다. 그리고 그 마음속을 당신은 전혀 들여다볼 수 없습니다.

당신의 삶을 되돌아보며 열한 살, 열두 살 무렵에 무엇을 했는지 떠올려보십시오. 아마도 삶의 5퍼센트조차 기억하기 어려울 것입니다. 물론 이름처럼 아주 중요한 것들은 기억하겠지만 때로는 자녀나 친구의 이름조차 잊습니다.

그 이유는 당신의 삶이 꿈으로 이뤄져 있기 때문입니다. 수많은 작은 꿈들이 끊임없이 흘러가며 형태를 바꾸기 때문입니다. 꿈은 쉽게 녹고, 사라지고, 잊힙니다.

모든 인간은 자신만의 꿈(의식, 생각, 자기개념)을 꾸며 살아갑니다. 그 꿈(의식, 생각, 자기개념)은 누구와도 같을 수 없습니다. 우리는 각자가 가진 믿음에 따라 꿈(의식, 생각, 자기개념)을 꾸고 판단하고, 상처받고, 피해자가 되며 그에 따라 꿈(의식, 생각, 자기개념)의 형태를 끊임없이 바꿉니다. 때로는 관계 속에서 같은 생각을 하고 같은 감정을 느끼며 같은 꿈(의식, 생각, 자기개념)을 꾸는 척할 수 있습니다.

하지만 그런 일은 결코 일어나지 않습니다. 두 사람의 꿈(의식, 생각, 자기개념)은 언제나 다릅니다. 그래서 우리는 서로의 다름을 받아들여야 합니다.

우리는 수천 개의 관계를 가질 수 있지만 모든 관계는 언제나 두 사람 사이에만 존재합니다. 나는 각 친구와 하나의 관계를 맺고 각 자녀와 또 다른 관계를 맺습니다. 그 모든 관계는 서로 전혀 다릅니다.

왜냐하면 관계는 두 사람이 꿈(의식, 생각, 자기개념)꾸는 방식에 따라 형태와 방향이 달라지기 때문입니다. 우리는 각자와 함께 작은 꿈(의식, 생각, 자기개념)을 꿉니다. 그 꿈(의식, 생각, 자기개념)이 바로 '관계'입니다.

관계는 두 명의 꿈(의식, 생각, 자기개념)꾸는 사람이 만들어낸 작고 살아 있는 존재입니다. 몸이 세포로 이뤄졌듯, 꿈(의식, 생각, 개념)은 감정으로 이뤄져 있습니다. 그 감정은 두 가지 근원에서 나옵니다. 하나는 두려움, 다른 하나는 사랑입니다.

우리는 이 두 감정을 모두 경험하지만 대부분의 경우 두려움이 더 큽니다. 보통 이 세상의 관계는 두려움 95%, 사랑 5%쯤으로 이뤄져 있습니다. 어떤 관계는 두려움 60%, 사랑 40%일 수도 있지만 그 비율이 어떻든 두려움이 중심을 차지합니다.

이 감정들을 이해하려면 살아가는 방식이 두 가지 경로로 나뉠 수 있다는 점을 떠올려야 합니다. 하나는 사랑의 경로, 다른 하나는 두려움의 경로입니다. 이 구분은 논리를 위한 것이지만 어떤 선택을 하고 있는지를 스스로 인식하게 도와줍니다. 이제 두 경로의 특징을 살펴보겠습니다.

사랑에는 의무가 없습니다. 하지만 두려움은 의무로 가득합니다. 두려움의 경로에서는 우리가 하는 일이 '해야만 하기 때문에' 하게 됩니다. 그리고 다른 사람들도 그렇게 해야 한다고 믿습니다. 의무는 저항을 낳고 저항이 클수록 고통도 커집니다. 그래서 언젠가 그 의무를 피하려고 시도합니다.

반면, 사랑에는 저항이 없습니다. 사랑 안에서 우리는 하고 싶어서 하는 일을 하며 그 모든 순간을 게임처럼 즐깁니다. 사랑에는 기대가 없습니다. 하지만 두려움은 기대로 가득합니다.

두려움에 사로잡히면 '해야 한다'는 기대 속에서 행동하고 다른 사람도 그렇게 해주길 원합니다. 하지만 기대는 상처를 만듭니다. 바라는 일이 이뤄지지 않으면 그것이 불공평하다고 느끼고 다른 사람을 비난하게 됩니다.

사랑은 다릅니다. 하고 싶어서 행동하고 상대가 그것을 하든, 하지 않든 그들의 선택을 그대로 존중합니다. 무엇이 일어나든, 상처받지 않습니다. 사랑은 존중 위에 세워집니다.

두려움은 어떤 것도 존중하지 않습니다. 내가 누군가에게 동정을 느낀다면 그것은 그를 존중하지 않는다는 뜻입니다. 그가 스스로 선택할 수 없다고 여기기 때문입니다.

우리가 자녀에게 삶을 어떻게 살아야 한다고 말할 때도 사실은 그들을 존중하지 않는 마음이 작동하는 것입니다. 자기 존중이 없는 사람은 자신에게도 동정을 느끼며 '나는 충분하지 않다'는 믿음에 갇힙니다.

'나는 약하다. 나는 똑똑하지 않다. 나는 아름답지 않다. 나는 가치 없다.' 이런 말들은 모두 자기 자신을 존중하지 못하는 마음에서 나옵니다. 사랑은 무자비하지 않습니다. 하지만 두려움은 모든 사람을 불쌍히 여깁니다. 사랑은 누군가를 불쌍하다고 보지 않지만 그 안에는 깊은 자비가 있습니다.

두려움은 '불쌍한 나'라는 감정에서 출발합니다. 그래서 자기 연민에 빠지고 그 감정을 다른 사람에게도 투사합니다. 반면 사랑은 존중합니다.

"당신은 할 수 있어."

사랑은 이렇게 말하며 자신감을 건넵니다. 사랑은 책임을 집니다. 두려움은 책임을 피하려 합니다.

우리가 저지르는 가장 흔한 실수는 자신의 선택에 책임지지 않으려는 것입니다. 하지만 모든 생각과 행동은 결과를 만듭니다. 선택을 하든 하지 않든, 그 선택에는 반드시 어떤 결과가 따라옵니다. 결국 자신의 삶에 대한 책임을 피할 수 없습니다.

사랑은 언제나 친절합니다. 두려움은 종종 불친절합니다. 두려움에는 의무, 기대, 존중의 결핍, 책임회피, 동정이 뒤엉켜 있고 그 고통 속에서 우리는 친절한 척하려 애씁니다. 사랑의 경로에는 의무도, 기대도, 동정도 없습니다. 자신도, 타인도 있는 그대로 존중하며 진짜 친절을 건넵니다.

사랑은 조건이 없습니다. 두려움은 조건으로 가득합니다. 두려움의 관계에서는 이렇게 말하게 됩니다. '내가 너를 사랑하는 건 네가 내 통제 안에 있고 내가 원하는 모습에 가까워지기 때문이야.' 상대를 위해 이미지를 만들어 놓고 그 이미지에 맞지 않으면 불만을 품고 비난하고, 인내심을 잃습니다. 그 친절은 진심이 아니라 조건부 친절입니다.

사랑은 다릅니다. 나는 너를 있는 그대로 사랑합니다. 조건 없이 사랑하고, 너는 너 자신일 자유가 있습니다.

만약 내가 그 자유를 좋아하지 않는다면 나는 그냥 나와 더 잘 맞는 사람과 함께 있으면 됩니다.

우리는 누구도 다른 사람을 바꿀 권리가 없습니다.

다른 사람도 우리를 바꿀 권리가 없습니다.

우리가 변화해야 할 이유가 있다면 그것은,

더 이상 고통 받고 싶지 않기 때문입니다.

대부분의 사람들은 관계 속에서 '해야 하니까'라는 이유로 머뭅니다. 스스로와 상대에게 끝없는 기대를 걸고 그 기대에서 벗어날 때마다 상처와 드라마가 반복됩니다. 판단하고 피해자가 되고, 서로를 헐뜯고 비난합니다. 가족 안에서도 미움이 자라고 그 감정의 독소는 자녀에게 고스란히 전달됩니다.

'당신 아버지처럼 되지 마세요. 모든 남자는 이래요. 모든 여자는 그래요.' 사랑하는 사람들에게 흔히 이런 말들을 흘려보냅니다. 두려움의 관계에는 이렇게 조건과 기대, 의무가 가득합니다. 그래서 스스로를 지키기 위해 규칙을 만듭니다.

그 규칙은 고통을 피하려는 방어지만 사실, 그런 규칙은 처음부터 필요하지 않았습니다. 이 규칙들은 결국 서로 나누는 소통의 질을 무너뜨립니다. 왜냐하면 두려움이 자리하면 거짓말을 하기 때문입니다.

내가 어떤 방식으로 행동해야 한다는 기대가 있으면 나는 그 기대에 맞추려 억지로 노력하게 됩니다. 하지만 진실은 나는 당신이 원하는 대로 될 수 없다는 것입니다.

그 사람이 자기 자신 그대로 행동할 때 우리는 실망하거나 상처받습니다. 그때 상대는 거짓말을 합니다. 당신의 판단과 비난, 처벌이 두렵기 때문입니다. 그리고 그 행동이 반복해서 떠오를 때마다 또다시 처벌을 받습니다.

사랑의 경로에는 정의가 있습니다.
실수를 했다면 그 대가는 단 한 번이면 충분합니다.
그리고 자신을 진심으로 사랑한다면,
그 실수에서 배우고 성장할 수 있습니다.
하지만 두려움의 경로에는 정의가 없습니다.
같은 실수에 대해 수백 번, 수천 번 스스로를 벌주며 살아갑니다.

파트너에게, 친구에게, 이미 지나간 실수를 반복해서 끄집어내고 그 대가를 계속 치르게 합니다. 그러면 불공평하다는 감정이 자라나고 마음에는 더 많은 상처가 남습니다. 결국 그 관계를 실패로 끝납니다.

이렇게 인간은 모든 일에 드라마를 만듭니다. 정말 사소한 일에도 감정의 소용돌이를 일으킵니다. 지극히 평범한 관계 속에서도 두려움의 길로 빠져들며 스스로 지옥을 만들어갑니다.

모든 관계에는 두 개의 반이 있습니다. 한쪽은 나 자신이고, 다른 한쪽은 나의 자녀, 부모, 친구, 파트너입니다. 당신은 오직 나 자신의 반에만 책임이 있습니다. 아무리 가까운 관계라도 상대의 마음과 생각까지 책임질 수는 없습니다.

그 사람이 무엇을 느끼고, 무엇을 믿고,

어떤 가정을 하고 있는지 당신은 알 수 없습니다.
사실, 우리는 그 사람에 대해 아무것도 모릅니다.
이것이 진실입니다.

그런데도 우리는 상대의 반까지 책임지려 하고 관계를 통제하려 듭니다. 그래서 지옥 같은 관계는 두려움과 드라마, 통제의 전쟁 위에 세워집니다. 통제의 전쟁이 벌어진다면 그 안에는 존중이 없습니다.

진실은, 우리가 사랑하고 있다고 믿는 그 감정조차 사랑이 아닐 수 있다는 것입니다. 그것은 사랑이 아니라 단지 기분을 좋게 해줄 무언가를 원하는 의존입니다. 잠시의 안정, 감정의 허기. 그러나 존중이 사라지면 사람들은 서로에게 책임을 떠넘기며 끝없는 통제 싸움에 빠지게 됩니다.

'나는 당신을 통제해야 해요. 왜냐하면 나는 당신을 존중하지 않으니까요. 나는 당신을 책임져야 해요. 당신에게 무슨 일이 생기면 그 고통이 결국 나에게 돌아올 테니까요. 나는 그 아픔을 피하고 싶어요.' 라고 말하는 것과 같습니다.

이것이 두려움의 경로에서 우리가 하는 말입니다. 하지만 그것은 '내가 옳다'는 뜻이 아닙니다. 당신이 책임지지 않는다고 느낄 때, 상대를 비난하고 내 방식대로 책임지게 만들려 합니다. 상대를 존중하지 않기 때문입니다. 상대는 자기 삶에 대해 무엇이 좋은지, 무엇이 해로운지도 스스로 알 수 없다고 믿습니다. 우리는 상대가 자신을 지킬 만큼 강하지 않다고 여깁니다. 그래서 이렇게 말하는 것입니다.

"내가 해 줄게."
"그건 하지 마."

상대의 몫을 억누르고 관계 전체를 통제하려 듭니다. 그런데, 내가 관계의 모든 것을 통제하게 된다면 상대의 자리는 어디에 있습니까? 그렇게 되면 관계는 더 이상 관계가 아닙니다. 그러니 잘 될 수가 없습니다.

우리는 상대의 '반'과 함께 나누고, 즐기고, 멋진 꿈을 만들어갈 수 있습니다. 하지만 그 반은 언제나 자기만의 꿈과 의지를 갖고 있습니다.

아무리 노력해도 그 꿈(의식, 생각, 개념)을 통제할 수 없습니다. 그래서 선택해야 합니다. 갈등과 통제의 전쟁을 만들지, 아니면 놀이 친구가 되어 팀이 될지를.

놀이 친구는 함께 놀지만 서로를 대적하지 않습니다. 테니스를 한다고 가정해봅시다. 당신에게는 파트너가 있습니다. 당신들은 팀입니다. 결코 서로를 이기려 하지 않습니다. 두 사람은 다른 방식으로 게임을 할 수 있어도 목표는 같습니다. 함께 즐기는 것. 그런데 파트너가 말합니다.

"안 돼, 그렇게 하지 마. 이건 이렇게 해야 해. 넌 지금 틀렸어."

이제 그 게임은 즐겁지 않습니다. 그리고 당신은 더 이상 그와 놀고 싶지 않아집니다. 당신의 파트너가 당신의 플레이를 통제하려 들 때, 더 이상 그건 팀이 아닙니다. 팀워크가 없는 관계에는 갈등만 남습니다. 관계를 파트너십, 팀으로 본다면 모든 것이 달라지기 시작합니다. 승패는 중요하지 않습니다. 중요한 건, 함께 놀고 있다는 사실입니다.

사랑의 경로에서는 받기보다 더 많이 줍니다. 하지만 자신을 사랑하는 사람은 자신을 이용하는 이들에게 마음을 빼앗기지 않습니다. 복수하지 않고 분명하게 말합니다.

"당신이 나를 이용하려 들 때, 무시할 때, 불친절하게 대할 때, 싫습니다. 나는 언어적, 감정적, 신체적 학대를 감당할 필요가 없습니다.

나는 당신의 욕설을 듣고 싶지 않습니다. 그건 내가 당신보다 나아서가 아닙니다. 나는 그저 아름다움을 사랑할 뿐입니다. 나는 웃고, 즐기고, 사랑하며 살고 싶습니다. 내가 이기적인 것이 아닙니다. 내 곁에 큰 피해자가 없기를 바랄 뿐입니다. 그렇다고 해서 내가 당신을 사랑하지 않는 것도 아닙니다. 다만 나는 당신의 꿈(의식, 생각, 개념)에 책임질 수 없습니다."

이것은 이기심이 아닙니다. 이것은 자기 사랑입니다. 이기심, 통제, 두려움은 대부분의 관계를 무너뜨립니다. 반면, 관대함, 자유, 사랑은 가장 아름다운 관계, 지속되는 사랑을 만들어냅니다.

사람과 사람 사이를 이해한다는 것은, 곧 나를 이해하는 일입니다. 그 첫걸음은 자각입니다. 모든 사람은 자기만의 꿈을 꾼다는 것.

이 사실을 알게 되면 당신은 관계의 '반'을 책임질 수 있게 됩니다. 그 반은 바로 당신 자신입니다.

내가 내 반만 책임진다는 걸 알게 되면 그 반은 훨씬 더 명확하고 단단하게 다스릴 수 있습니다. 나는 다른 사람의 반을 통제할 수 없습니다. 존중이 있다면 파트너, 친구, 자녀, 부모가 자신의 반을 책임질 수 있다는 걸 신뢰하게 됩니다. 그럴 때 관계 안에는 평화가 있습니다. 전쟁은 사라집니다.

그리고 사랑이 무엇이고 두려움이 무엇인지 알게 되면 자신의 꿈(의식, 생각, 개념)을 어떻게 타인에게 전하고 있는지 더 깊이 자각하게 됩니다. 우리의 소통이 깊어지는지는 지금 이 순간, 내 감정의 몸이 사랑에 맞춰져 있는지 아니면 두려움에 머물러 있는지에 달려 있습니다.

만약 지금, 자신이 두려움의 경로에 있다고 느껴진다면 그 사실을 자각하는 것만으로도 당신의 시선을 사랑으로 돌릴 수 있습니다. 지금 내가 어디에 있는지를 보는 것. 지금 내가 무엇을 선택하는지를 아는 것. 그것만으로도 나를 둘러싼 모든 것이 바뀌기 시작할 것입니다.

마지막으로 아무도 나를 행복하게 만들 수 없다는 것을 알게 될 때, 그리고 행복이란 당신 안에서 피어나는 사랑의 결과임을 알게 될 때, 우리는 톨텍의 가장 깊은 지혜, 사랑의 지혜에 닿게 됩니다.

우리는 사랑에 대해 이야기할 수 있습니다. 사랑에 관한 수천 권의 책을 쓸 수도 있습니다. 하지만 사랑은 누구에게나 다릅니다. 사랑은 이론이 아니라 경험이기 때문입니다. 사랑은 개념이 아닙니다. 사랑은 행동입니다. 사랑이 행동으로 실현될 때 그 안에는 행복이 피어납니다. 두려움이 행동으로 실현될 때 그 안에는 고통만 남습니다. 사랑을 지혜로 마스터하는 유일한 길은 사랑을 실천하는 것입니다. 그 어떤 정당화도, 설명도 필요하지 않습니다. 그저 사랑을 실천하십시오. 그 실천이 바로 지혜자를 만듭니다.

5장

Chapter 5

나는 당신을
바꾸지 않겠습니다

I Will

Not Seek to Change You

Love, But Do Not Lose Yourself

나는 당신을 바꾸지 않겠습니다

완벽한 관계를 상상해보세요. 당신은 언제나 파트너와 함께 깊은 행복을 느낍니다. 그 사람은 당신에게 완벽하게 어울리는 남자이거나 여자입니다. 그런 사람과 함께하는 삶은 어떤 모습일까요?

사실, 그 사람과 맺는 관계는 당신이 반려 동물과 맺는 관계와 다르지 않을 수 있습니다. 강아지는 그저 강아지일 뿐입니다. 당신이 무엇을 하든, 강아지는 변하지 않습니다. 강아지를 고양이로 바꿀 수 없고 말로 만들 수도 없습니다. 그냥, 있는 그대로 존재합니다.

이 사실을 인간관계에서도 받아들이는 것이 매우 중요합니다. 다른 사람을 바꿀 수는 없습니다. 있는 그대로 사랑하거나, 아니면 사랑하지 않는 것입니다. 있는 그대로 받아들이거나, 받아들이지 않거나 뿐입니다.

누군가를 자신이 원하는 모습으로 바꾸려 하는 것은, 강아지를 고양이로 바꾸려 하거나 고양이를 말로 바꾸려는 것과 같습니다. 그것은 불가능한 일입니다. 그들은 그들이고, 당신은 당신입니다. 함께 춤을 출 수도 있고, 그렇지 않을 수도 있습니다.

무엇보다도 스스로에게 솔직해야 합니다. 자신이 진심으로 원하는 것을 분명히 말하고 함께 춤을 출 것인지 아닌지를 결정해야 합니다. 이 점을 마음 깊이 이해하는 것이 중요합니다. 그래야만 다른 사람을 있는 그대로 바라볼 수 있으며, 그저 보고 싶은 모습만 보는 실수를 피할 수 있습니다.

강아지나 고양이를 키워본 적이 있다면 그 동물과 어떤 관계를 맺었는지 떠올려보세요. 예를 들어, 개와의 관계를 생각해 봅시다.
강아지는 당신과 완벽한 관계를 맺는 방법을 알고 있습니다. 무언가 잘못했을 때 당신이 어떻게 반응하든 강아지는 강아지일 뿐입니다. 당신이 무엇을 하든, 그저 당신을 사랑합니다. 아무런 기대도 하지 않습니다. 참 멋진 일 아닌가요?

하지만 여자친구나 남자친구, 아내나 남편은 어떨까요? 그들은 기대하는 것이 많고 그 기대는 끊임없이 변합니다. 강아지는 자기 몫의 관계를 책임집니다. 관계의 절반은 이미 완벽합니다. 그건 강아지의 몫입니다.

당신이 집에 돌아오면 짖고 꼬리를 흔들고, 숨을 헐떡이며 당신을 반깁니다. 언제나 똑같습니다. 강아지는 자신이 해야 할 일을 완벽히 해냅니다.

당신도 당신 몫을 거의 완벽하게 수행합니다. 먹이고, 돌보고, 함께 놀아주며 무조건적인 사랑을 줍니다. 강아지를 위해서라면 무엇이든 하려 합니다. 그래서 둘 사이의 관계는 완벽해집니다.

대부분의 사람이 이렇게 반려 동물과의 관계는 쉽게 상상합니다. 그런데 왜 남자나 여자와는 같은 관계를 맺지 못할까요? 혹시 지금 완벽하지 않은 남자나 여자와 함께 있나요? 그렇다면 강아지가 강아지로 존재하는 것을 자연스럽게 받아들였듯, 사람도 그 존재 그대로 받아들여야 합니다.

당신은 강아지를 '더 좋은 개'로 만들기 위해 책임지지 않습니다. 강아지도 당신에게 '더 좋은 인간', '더 좋은 주인'이 되라고 요구하지 않습니다. 그런데 왜 우리는 그녀를 그녀 그대로, 그를 그 그대로 받아들이지 못할까요? 왜 굳이 바꾸려 하는 걸까요?

아마 이렇게 생각할지도 모릅니다.

"하지만 내가 올바른 사람과 함께 있는 게 아니라면요?"

이는 매우 중요한 질문입니다. 맞습니다, 자신에게 맞는 사람을 선택하는 일은 중요합니다.

그렇다면 '올바른 사람'이란 누구일까요?

당신과 같은 방향을 바라보는 사람입니다.

감정적으로, 신체적으로,

경제적으로, 영적으로 조화를 이루는 사람입니다.

그렇다면 어떻게 알 수 있을까요? 상상해 봅시다. 당신이 남자라고 가정해 보세요. 어떤 여자가 당신을 선택하려 합니다. 백 명의 여자가 남자를 찾고 있는데 그들 모두가 당신을 후보로 본다면 과연 몇 명에게 당신이 맞는 사람일까요?

정답은 알 수 없습니다. 그래서 탐색해야 하고 때로는 위험도 감수해야 합니다. 하지만 한 가지 확실한 것이 있습니다. 당신이 그녀를 있는 그대로 사랑할 수 있고 단 하나도 바꾸고 싶은 마음이 들지 않는다면 그 여자가 바로 당신에게 맞는 사람이라는 사실입니다.

그런 여자를 만나고, 동시에 당신도 그녀에게 맞는 남자라면 당신은 정말 행운아입니다. 당신이 그녀에게 맞는 사람이 되려면 그녀 역시 당신을 있는 그대로 사랑해야 합니다. 당신을 바꾸려 하지 않아야 하며 당신이 보여준 모습, 당신이 한 말을 신뢰할 수 있어야 합니다.

그녀 또한 자신의 모습을 숨기지 않고 솔직하게 드러낼 수 있어야 합니다. 처음엔 좋은 척하다가 나중에 전혀 다른 모습을 보이는 일이 있어서는 안 됩니다.

당신을 사랑하는 사람은, 당신을 있는 그대로 사랑합니다.

만약 누군가 당신을 바꾸려 한다면, 그것은 당신이 그 사람이 원하는 사람이 아니라는 뜻입니다. 그렇다면 왜 함께 있으려 하는 걸까요?

강아지를 보세요. 강아지를 사랑하는 일은 어렵지 않습니다. 강아지는 우리를 판단하지 않기 때문입니다. 그저 조건 없이 사랑합니다.

이것은 아주 중요한 사실입니다. 만약 당신의 파트너도 당신을 있는 그대로 사랑한다면 그것은 강아지가 당신을 사랑하는 것과 다르지 않습니다. 당신은 그 앞에서 자유롭게 자신을 드러낼 수 있습니다. 남자든 여자든, 강아지가 자연스럽게 자신을 드러내듯이 말입니다.

사람을 처음 만났을 때를 떠올려 보세요. "안녕하세요" 인사가 끝나기도 전에 상대는 자신의 꿈(의식, 생각, 자기개념)을 나누고 싶어 합니다. 우리는 알게 모르게 마음을 열게 됩니다. 그래서 사람을 있는 그대로 바라보는 일도 그리 어렵지 않습니다. 자신에게 거짓말할 필요도 없습니다. 무엇을 받아들이게 될지 분명히 볼 수 있고 원하면 받아들이면 되고, 원하지 않으면 거절하면 됩니다.

상대가 강아지든, 고양이든, 말이든 그 존재 자체를 탓할 수는 없습니다. 강아지를 원한다면 강아지를 선택해야 하고 고양이를 원한다면 고양이를 선택해야 합니다. 닭을 원한다면 닭을 택하면 됩니다.

당신은 어떤 사람을 원하나요?
당신의 마음을 울리고 조화를 이루며,

당신을 있는 그대로 사랑해 주는 사람인가요?

그렇다면 굳이 다른 선택을 할 이유가 없습니다.

처음부터 자신이 원하는 사람을 선택하면 됩니다.

다만 누군가를 억지로 바꾸려 해서는 안 됩니다.

그것은 사랑하지 않는다는 뜻이 아니라,

자신을 사랑하기 때문에 '예' 또는 '아니오'를 분명히 선택하는 것입니다. 그리고 그 선택에 책임을 져야 합니다.

만약 그 선택이 잘 맞지 않았다면 자신을 탓하지 마세요.

그저 이제 다른 선택을 하면 됩니다.

상상해 보세요. 당신은 강아지를 입양했지만 사실은 고양이를 좋아합니다. 그래서 강아지에게 '야옹' 하기를 기대하며 바꾸려 합니다. 이럴 거라면 처음부터 고양이를 데려왔어야 했습니다. 좋은 관계를 시작하려면 먼저 자신이 무엇을 원하는지, 언제, 어떻게 원하는지를 명확히 알아야 합니다. 몸과 마음이 무엇을 필요로 하는지, 그리고 어떤 것이 자신과 조화를 이루는지를 정확히 아는 것이 중요합니다.

세상에는 수많은 남자와 여자가 있습니다.

모두가 고유한 존재입니다.

어떤 사람은 당신과 잘 맞겠지만 어떤 사람은 전혀 맞지 않을 수 있습니다. 우리는 누구든 사랑할 수 있습니다.

하지만 매일 함께 살아가려면 자신과 조화를 이루는 사람과 함께해야 합니다. 꼭 똑같을 필요는 없습니다. 서로 자물쇠와 열쇠처럼 자연스럽게 맞아떨어지기만 하면 됩니다.

가장 중요한 것은 솔직함입니다. 자신에게도, 다른 사람에게도 솔직해야 합니다. 자신이 누구인지 분명히 보여주어야 하고 꾸미거나 감추려 해서는 안 됩니다.

그것은 마치 시장에서 물건을 사고파는 것과도 같습니다. 좋은 물건을 고르려면 품질을 확인해야 하듯, 자신을 내보일 때는 진짜 모습을 보여주어야 합니다. 누가 더 낫거나 못한지가 아니라 있는 그대로의 나를 드러내는 일이 가장 중요합니다.

만약 당신이 원하는 것을 발견했다면 과감히 다가가세요. 하지만 원하는 것이 아니라면 그 대가를 치르게 될 수 있음을 알아야 합니다. 분명히 보였는데도 "내 애인이 나를 힘들게 한다"고 불평하지 마세요. 자신에게 거짓말하지 마세요. 사람 안에 없는 것을 억지로 상상해 만들어내려 하지 마세요.

이것이 이 메시지의 핵심입니다. 자신이 무엇을 원하는지 알게 되면 강아지와의 관계처럼 자연스럽고 자유로운 관계를 맺을 수 있습니다. 아니, 그것보다 훨씬 더 깊고 충만한 관계를 만들 수 있습니다.

눈앞에 있는 것을 있는 그대로 보세요.

보이지 않는 것을 억지로 보려 하지 마세요.

필요하지 않은 것을 굳이 손에 넣으려 하지 마세요.

필요 없는 물건을 사면 결국 창고 한구석에 쌓이게 됩니다.

관계도 마찬가지입니다.

물론 이 교훈을 깨닫기까지 시간이 걸릴 수 있습니다. 그러나 좋은 시작을 한다면 이후는 훨씬 쉬워질 것입니다. 왜냐하면 진정한 자신으로 살아갈 수 있기 때문입니다. 이미 어떤 관계에 많은 시간을 들였을 수도 있습니다. 그렇다고 반드시 계속 이어가야 하는 것은 아닙니다. 그러나 계속하기로 결정했다면 파트너를 있는 그대로 받아들이고 사랑함으로써 새로운 시작을 할 수 있습니다. 하지만 그전에 먼저 자신을 받아들이고 사랑해야 합니다.

자신을 있는 그대로 사랑하고 받아들일 수 있어야 진정한 자신을 표현할 수 있습니다. 당신은 당신입니다. 그것이면 충분합니다. 다른 사람이 되려고 애쓸 필요는 없습니다. 자신이 아닌 무언가를 연기하려 하면 결국 실패하게 됩니다. 자신을 온전히 받아들였다면 이제 파트너를 받아들일 차례입니다. 함께하기로 결정했다면 그 사람을 바꾸려 하지 마세요. 강아지나 고양이를 대하듯, 상대를 있는 그대로 존중하세요. 상대는 자기 자신으로 존재할 권리가 있고 자유롭게 살아갈 권리가 있습니다.

파트너의 자유를 억누르면 결국 자신의 자유도 잃게 됩니다. 상대를 감시하게 되고 그로 인해 스스로를 억압하게 됩니다. 자신을 진심으로 사랑하는 사람은 결코 자신의 자유를 포기하지 않습니다.

관계가 열어주는 가능성을 볼 수 있나요? 그 가능성들을 탐험해 보세요. 자신으로 존재하세요. 그리고 자신과 조화를 이루는 사람을 찾으세요. 위험을 감수하되, 언제나 정직하게 행동하세요. 관계가 맞는다면 함께 걸어가고 맞지 않는다면 과감히 떠나세요.

상대를 억지로 붙잡지 마세요.

상대가 진정 원하는 삶을 살아갈 수 있도록 해 주세요.

당신에게도 같은 기회를 주세요.

서로를 놓아주는 일은 서로에 대한 깊은 존중입니다.

당신이 제공자이고 상대가 의존자라면, 그리고 그것이 원하지 않는 관계라면 더 나은 선택이 있을 수 있습니다. 하지만 그 관계를 선택했다면 최선을 다하세요. 당신이 다한 만큼 그 보상은 결국 당신에게 돌아옵니다. 상대를 있는 그대로 사랑할 수 있다면, 마음을 열고 진심으로 사랑할 수 있다면 사랑을 통해 천국에 이를 수 있습니다.

지금 이 순간부터 연습을 시작할 수 있습니다. 과거와의 연결을 끊고 완전히 새롭게 시작하는 것이 목표입니다. 과거에 얽매일 필요는 없습니다. 누구나 변할 수 있고 더 나은 방향으로 나아갈 수 있습니다.

지금 이 순간은 당신과 파트너 사이에 있었던 모든 일을 용서하고 새롭게 시작할 기회입니다. 과거의 일들은 대부분 개인적인 중요성에서 비롯된 오해이며 상처받은 감정이 복수를 원했던 결과일 뿐입니다. 그 어떤 과거도 관계 속에서 천국을 경험할 가능성을 망칠 만큼 중요하지 않습니다.

100퍼센트 용기를 내어 앞으로 나아가거나,
아니면 깨끗이 놓아버리십시오.

과거를 내려놓고 매일 사랑의 더 높은 수준에서 새롭게 시작해 보세요. 그렇게 하면 사랑의 불꽃은 꺼지지 않고 오히려 더욱 깊어질 것입니다.
물론 좋은 순간과 나쁜 순간이 무엇을 의미하는지 분명히 할 필요도 있습니다. 감정적이거나 신체적인 학대가 있다면 그런 관계를 계속 이어가는 것이 옳은지 다시 생각해 봐야 합니다.

반면, 직장을 잃거나 사고를 당하는 것처럼 외부 요인에서 비롯된 어려움은 다른 종류의 나쁜 순간입니다. 나쁜 순간이 두려움, 존중의 부족, 모욕이나 증오에서 비롯된다면 그 관계가 어디까지 견딜 수 있을지는 누구도 장담할 수 없습니다.

강아지와의 관계에서도 나쁜 순간은 생길 수 있습니다. 사고가 있었거나, 직장에서 힘든 일이 있었거나, 다른 이유로 기분이 나쁠 수도 있습니다.

집에 돌아오면 강아지는 꼬리를 흔들며 당신을 반깁니다. 당신은 놀 기분이 아닐 수 있지만 강아지는 그저 강아지일 뿐입니다. 당신이 놀아주지 않아도 상처받지 않습니다. 잠시 반가워한 뒤, 당신이 그럴 마음이 없다는 걸 알면 조용히 혼자 놀러 갑니다. 억지로 당신이 행복하라고 강요하지 않습니다.

때로는 당신을 기쁘게 하려 애쓰는 파트너보다 강아지에게서 더 큰 위안을 느낄 수도 있습니다. 기분이 가라앉아 조용히 있고 싶을 때 그것은 꼭 파트너 때문이 아닙니다. 당신 안에서 일어나는 일일 뿐입니다. 하지만 파트너는 '내가 뭘 잘못했지? 내 탓인가?'라고 오해할 수 있습니다. 사실 그것은 파트너와 아무 관련이 없습니다. 그저 잠시 내버려 두면 긴장은 자연스럽게 가라앉고 당신은 다시 평온한 상태로 돌아올 수 있습니다.

이 때문에 우리는 열쇠와 자물쇠처럼 서로 잘 맞아야 합니다. 둘 중 한 사람이 감정적으로 힘든 순간을 겪더라도 서로를 있는 그대로 받아들이겠다는 약속이 있다면, 관계는 전혀 다른 차원의 아름다움을 가질 수 있습니다.

관계는 하나의 예술입니다. 두 사람이 함께 꾸는 꿈은 혼자 꾸는 꿈보다 훨씬 섬세하게 다뤄야 합니다. 함께 행복해지려면 각자가 자기 몫을 책임져야 합니다. 당신에게는 당신만의 감정적 문제가 있습니다. 그것은 당신의 몫입니다. 그 문제를 다뤄야 할 사람도 당신입니다. 파트너가 그것을 대신 해결하려 든다면 결국 둘 다 상처받게 됩니다. 우리는 서로의 영역을 존중하는 법을 배워야 하고 자신의 영역을 스스로 해결하는 법도 배워야 합니다.

파트너 역시 자신의 감정적 문제를 안고 살아갑니다. 그것을 스스로 처리할 수 있도록 허용해야 합니다. 상대의 고통과 문제를 포함해 전체를 사랑하고 받아들일 수 있어야 합니다. 당신은 상대의 문제를 해결해주기 위해 관계를 맺은 것이 아닙니다. 상대가 자신의 문제를 스스로 해결해야 합니다.

심지어 파트너가 도움을 요청해도 당신은 거절할 수 있는 권리가 있습니다. 그것은 사랑하지 않아서가 아니라 지금 그 역할을 하고 싶지 않거나 할 수 없기 때문입니다. 가령, 파트너가 화를 낸다면 이렇게 말할 수 있습니다.

"당신이 화를 내는 건 자유예요. 하지만 나는 그 화에 휘말리고 싶지 않아요. 나는 당신의 분노를 일으킨 원인이 아닙니다."

당신은 그의 분노를 받아들일 필요가 없습니다. 하지만 그가 그것을 표현하고 스스로 치유할 수 있도록 내버려 둘 수는 있습니다. 논쟁할 필요는 없습니다. 당신은 당신의 치유를, 그는 그의 치유를 스스로 존중해야 합니다.

이제 이렇게 상상해 보세요. 당신은 행복한 상태이고 파트너는 개인적인 이유로 불행합니다. 당신은 그를 사랑하기 때문에 지지할 수 있습니다.

하지만 그가 불행하다고 해서 당신까지 불행해질 필요는 없습니다. 두 사람 모두 가라앉는 대신 당신이 중심을 지키면 오히려 당신의 평온함이 그를 회복으로 이끄는 힘이 될 수 있습니다.

반대로 당신이 힘든 상황에 있을 때 파트너가 행복하다면 그의 그 행복은 오히려 당신에게 힘이 될 수 있습니다. 그러니 그가 행복할 때 그 행복을 존중하십시오.

그의 기쁨을 빼앗으려 하지 마세요. 직장에서 어떤 일이 있었든 집에 돌아와 파트너에게 그 독을 쏟아 붓기보다 이렇게 말해 보세요.

"당신은 계속 행복하세요. 계속 웃고 즐기세요. 내가 당신의 행복을 함께 누릴 수 있을 때 돌아올게요. 지금은 잠시 혼자 있고 싶어요."

'상처 입은 마음'이라는 개념을 이해하면 왜 연애 관계가 그토록 어렵고 복잡한지 알 수 있습니다. 우리의 감정적 몸은 병들어 있습니다. 수많은 상처와 독을 품고 있습니다. 자신이 아프다는 것, 혹은 파트너가 아프다는 것을 인식하지 못하면 쉽게 이기적이 됩니다. 상처는 고통스럽기 때문에 사랑하는 사람에게조차 그것을 숨기려 합니다.

하지만 이런 사실을 자각하면 서로에게 전혀 다른 방식으로 다가갈 수 있습니다. 파트너가 감정적 상처를 안고 있다는 것을 알고 사랑한다면 그 상처를 건드리지 않으려 할 것입니다. 억지로 치유하려 하지도 않을 것입니다. 그리고 파트너 역시 나에게 똑같은 존중을 보일 것입니다.

위험을 감수하고 파트너와 새로운 합의를 맺는 책임을 지십시오. 책에서 배운 합의가 아니라 두 사람에게 진짜로 효과가 있는 합의여야 합니다. 효과가 없다면 과감히 바꾸고 새로운 방식을 다시 만들면 됩니다. 상상력을 발휘하여 가능성을 탐색하고 존중과 사랑을 바탕으로 한 새로운 합의를 찾아야 합니다. 존중과 사랑이 담긴 소통이야말로 사랑을 살아 있게 만들고 관계 속 지루함을 사라지게 하는 열쇠입니다.

그것은 자신의 목소리를 찾고 자신의 필요를 솔직히 말하는 것이며 자신을 신뢰하고 동시에 파트너를 신뢰하는 일입니다.

당신이 파트너와 나눠야 할 것은 감정적 문제들이 아니라 사랑과 로맨스, 그리고 이해입니다. 목표는 함께 점점 더 행복해지는 것입니다. 이를 위해 필요한 것은 더 많은 사랑입니다.

당신은 이미 완전한 존재입니다.
파트너도 마찬가지입니다. 마치 강아지가 그 자체로 완전한 것처럼요. 파트너를 사랑과 존중으로 대할 때 그 혜택을 받는 사람은 바로 당신입니다.

당신의 몫을 먼저 치유하십시오. 그래야 진정한 행복을 경험할 수 있습니다. 그 치유가 이뤄진다면 두려움이나 결핍 없이 관계를 맺을 준비가 된 것입니다. 기억하세요. 당신은 오직 당신의 몫만 치유할 수 있습니다. 그리고 만약 파트너도 자신의 몫을 치유한다면 두 사람의 관계는 놀라울 만큼 빠르게 성장할 것입니다.

사랑은 당신을 행복하게 만드는 힘입니다. 당신이 사랑의 하인이 되고 파트너도 사랑의 하인이 된다면, 그때 펼쳐질 가능성은 상상조차 할 수 없을 만큼 아름다울 것입니다.

언젠가 당신은 파트너와 함께 죄책감도, 비난도, 분노도, 슬픔도 없이 머무는 날을 맞이하게 될 것입니다.
그날은 정말 멋진 날일 것입니다. 두 사람은 오직 나누기 위해, 오직 섬기기 위해, 오직 사랑하기 위해 서로에게 완전히 열려 있을 것입니다.

당신이 한 사람과 함께하기로 결정했다면 이제 당신은 그 사랑을 나누기 위해 존재하는 것입니다. 두 사람은 서로의 하인이 됩니다.

매번 키스할 때마다, 서로를 어루만질 때마다, 사랑하는 사람을 기쁘게 하기 위해 존재하는 자신의 마음을 느낄 수 있을 것입니다. 아무런 대가도 기대하지 않고서 말입니다.
그것은 단순한 성관계를 넘어섭니다. 함께 있다는 사실 그 자체가 목적이 됩니다. 성은 교감이 되고, 항복이 되고, 춤이 되고, 예술이 되고, 사랑의 가장 아름다운 표현이 됩니다.

당신은 이렇게 말할 수 있습니다.

"나는 당신이 좋아요. 당신은 멋진 사람이고 나를 기분 좋게 해줘요. 나는 꽃을 준비할게요. 당신은 부드러운 음악을 틀어 주세요. 우리는 함께 춤을 추고 구름 위를 걷는 기분을 느낄 거예요."

이것은 더 이상 통제의 전쟁이 아니라 섬김의 관계입니다. 그리고 이것은 당신이 자신을 깊이 사랑할 때에만 가능한 일입니다.

6장

Chapter 6

118 사랑하라, 그리고 나를 잃지 않도록

결핍은 끝났습니다

Lack Has
Come to an End

Love, But Do Not Lose Yourself

결핍은 끝났습니다

 당신의 집에 마법의 주방이 있다고 상상해 보세요. 그 주방에서는 세상의 어떤 음식이든 원하는 만큼 가질 수 있습니다. 무엇을 먹을까 걱정할 필요도 없습니다. 원하는 것은 무엇이든 식탁 위에 차려집니다. 당신은 음식이 풍성하기 때문에 기꺼이 다른 사람들과 나눕니다. 무언가를 기대해서가 아니라 나누는 기쁨이 크기 때문입니다.

그래서 당신의 집에는 늘 사람들이 찾아와 음식을 나누어 먹습니다. 그러던 어느 날, 누군가 문을 두드립니다. 문을 열자, 한 사람이 피자를 들고 서 있습니다. 그는 이렇게 말합니다.

"이 피자 보이시죠? 제가 원하는 대로만 해주시면 이 피자를 드릴게요. 매일 피자를 가져다드리겠습니다. 굶주릴 걱정은 없을 거예요. 저에게 잘하기만 하면 됩니다."

당신은 어떻게 반응할까요? 당신은 그 피자보다 훨씬 더 좋은 음식을 직접 만들 수 있습니다. 그런데 누군가가 피자 한 판을 미끼로 당신을 조종하려 합니다. 당신은 웃으며 말할 것입니다.

"고맙지만 사양할게요. 우리 집에는 충분한 음식이 있어요. 그냥 들어와서 드세요. 아무것도 요구할 필요 없습니다. 나는 음식을 가지고 조종당하지 않아요."

이제 반대 상황을 상상해 보세요. 몇 주 동안 아무것도 먹지 못해 굶주리고 주머니에는 돈 한 푼 없습니다. 그때 누군가가 피자를 들고 와서 말합니다.

"여기 음식이 있어요. 내가 원하는 대로만 해주시면 이 피자를 드릴게요."

굶주린 당신은 음식 냄새에 이끌려 결국 그 제안을 받아들입니다. 조금 먹고 나면 그는 다시 말합니다.

"더 먹고 싶으면 내 말을 계속 들어야 해요."

오늘은 먹었지만 내일은 어떻게 될지 모릅니다. 살아남기 위해 그의 요구를 계속 들어야 합니다. 음식이 필요하기 때문에, 음식이 없기 때문에, 결국 음식에 종속되고 맙니다. 어느 순간 이런 생각이

들 수도 있습니다. '피자가 없으면 나는 어떻게 살아가지? 피자 없이는 살 수 없어. 만약 파트너가 내 피자를 다른 사람에게 준다면?'

이제, 음식 대신 사랑에 대해 이야기해 봅시다.

당신의 마음에는 사랑이 가득합니다. 자신을 향한 사랑은 물론이고 세상을 향한 사랑도 넘쳐납니다. 사랑이 너무 풍성해서 누구의 사랑도 굳이 필요하지 않습니다. 그래서 조건 없이 사랑을 줍니다.

'사랑을 받으면'이 아니라, 그냥 사랑합니다.

당신은 사랑의 백만장자입니다.

그때 누군가 문을 두드리며 말합니다.

"여기 사랑이 있어요. 제가 원하는 대로만 해주시면 이 사랑을 드릴게요."

당신이 사랑으로 가득 찬 사람이라면 웃으며 이렇게 말할 것입니다.

"고맙지만 당신의 사랑은 필요 없습니다. 내 마음에는 이미 더 크고 더 좋은 사랑이 있습니다. 나는 조건 없이 사랑을 나누고 있습니다."

하지만 만약 당신이 사랑에 굶주려 있다면 어떨까요? 마음에 사랑이 없다면 누군가 다가와 이렇게 말할 것입니다.

"사랑을 원하나요? 제가 원하는 대로만 해주시면 제 사랑을 드릴게요."

사랑에 굶주린 당신은 그 사랑을 맛보는 순간, 무엇이든 하게 될지도 모릅니다. 조금의 관심을 얻기 위해 심지어는 자신의 영혼까지 내어줄 수도 있습니다.

 당신의 마음은 마법의 주방과 같습니다. 마음을 열기만 하면 이미 필요한 모든 사랑이 그 안에 있습니다. 굳이 세상을 떠돌며 사랑을 구걸할 필요가 없습니다.

"제발 누가 나를 사랑해 주세요. 나는 너무 외롭습니다. 나는 사랑받기에 부족한 사람입니다. 누군가 나를 사랑해 줘야 내가 사랑받을 자격이 있다는 것을 증명할 수 있어요."

하지만 이미 우리 안에 사랑을 가지고 있습니다. 다만 그 사랑을 보지 못할 뿐입니다. 사람들이 사랑이 없다고 믿을 때 얼마나 큰 드라마가 벌어지는지 보셨나요? 사랑에 굶주린 사람들은 누군가로부터 아주 작은 사랑이라도 맛보게 되면 그것이 오히려 더 큰 결핍을 만들어냅니다. 사람들은 그 작은 사랑에 집착하고 그것을 얻기 위해 필사적이 됩니다. 그리고 드라마가 시작됩니다.

'그가 나를 떠나면 나는 어떻게 하지?'

'그녀 없이는 나는 어떻게 살아가지?'

매일 사랑을 공급해 주는 '제공자' 없이는 살 수 없게 되어 버립니다. 그리고 결국, 그 사랑 한 조각을 얻기 위해 자신의 삶 전체를 타인의 통제에 맡기게 됩니다.

"네가 이렇게 행동하면 널 사랑할게. 네가 내 말을 따르면 널 사랑할게. 네가 나에게 잘하면 널 사랑할게. 그렇지 않으면 사랑은 없어."

인간의 문제는, 자신의 마음 안에 마법의 주방이 있다는 사실을 모른다는 데 있습니다. 우리의 고통은 오래전에 마음을 닫고 그 안에 있던 사랑을 느끼지 못하게 되었을 때 시작되었습니다.

인생의 어느 시점에서 우리는 사랑하는 것을 두려워하게 되었습니다. 왜냐하면 사랑은 불공평하고 아프다고 믿었기 때문입니다. 누군가에게 충분히 좋은 사람이 되려고 애썼고 받아들여지려고 노력했지만 결국 실패했습니다. 이미 두세 번의 사랑과 몇 번의 상처는 '다시 사랑하는 것'을 너무 큰 위험처럼 느껴집니다.

이렇게 사람은 수많은 자기 판단 속에 살아가기에 스스로를 사랑할 수가 없습니다. 자신을 사랑하지 못하는데 어떻게 다른 사람과 사랑을 나눌 수 있을까요?

그렇게 우리는 관계 안에서도 이기적이 됩니다. 모든 것이 '나'에 관한 일이 됩니다. 심지어 함께하는 사람이 나만큼 결핍되어 있기를 바랍니다. 누군가가 나를 필요로 해야만 비로소 존재의 이유를 느끼고 살아갈 의미를 찾을 수 있다고 믿습니다.

당신은 사랑을 찾고 있다고 생각하지만,
사실은 '나를 필요로 하는 사람'을 찾고 있는 것입니다.

그리고 그런 사람을 통해 상대를 통제하고 조종하려 합니다. 인간

관계에는 늘 통제의 전쟁이 벌어집니다. 관심을 얻기 위해 경쟁하도록 길들여져 있기 때문입니다.

우리가 흔히 사랑이라고 부르는 것.

나를 필요로 하는 사람, 나를 신경 써주는 사람,

그것은 사실 사랑이 아니라 이기심입니다.

하지만 이기심은 제대로 작동하지 않습니다.

왜냐하면 그 안에는 진짜 사랑이 없기 때문입니다.

양쪽 모두 사랑에 굶주려 있습니다.

그들은 관계 속에서 섹스를 통해 잠시 사랑을 맛봅니다. 그래서 섹스는 중독처럼 변합니다. 그러나 그 안에는 판단이 있고 두려움이 있으며 비난과 끝없는 드라마가 따라옵니다. 그래서 사랑과 섹스에 대한 조언을 찾아다닙니다. 수많은 책이 있지만 대부분은 '어떻게 성적으로 이기적일 수 있을까'에 관한 것일 뿐입니다. 의도는 좋지만 그 안에 진짜 사랑은 없습니다. 그 책들은 사랑하는 법을 가르치지 않습니다.

사랑은 배워야 할 것이 아닙니다. 사랑은 이미 우리 본성 속에 들어 있습니다. 진짜로 배워야 하는 것은 이 세상에서 내가 만들어

낸 허상입니다. 밖에서 사랑을 찾지만 사랑은 이미 내 안에, 내 주변에 가득합니다.

다만, 그것을 볼 눈이 없을 뿐입니다. 사랑하는 것을 두려워하는 것입니다. 사랑은 안전하지 않다고 믿기 때문입니다. 거절당하는 것에 대한 두려움이 움츠러들게 합니다. 그래서 본래의 자신을 숨기고 파트너에게 받아들여지기 위해 다른 모습을 연기합니다.

하지만 진짜 문제는 파트너가 나를 거절하는 것이 아니라 내가 나 자신을 거절하고 있다는 것입니다. 자신을 충분히 괜찮지 않다고 믿기 때문입니다. 이렇게 자기 거절이 가장 큰 문제입니다.

내가 믿는 '완벽'이라는 개념은 애초에 잘못된 것입니다. 그것은 허구이며 실재하지 않습니다. 그러나 나는 그것을 믿고 완벽하지 않다는 이유로 스스로를 거절합니다.

자기 거절의 깊이는 어릴 적 어른들이 나를 얼마나 강하게 억눌렀는지에 따라 달라집니다. 길들이기가 끝난 뒤에는 더 이상 다른 사람에게 '좋은 사람'이 되려 하지 않습니다. 그 대신, 스스로에게도 충분하지 않다고 믿게 됩니다. 그렇게 내 안에는 항상 '모든 것을 판단하는 판사'가 존재합니다. 그 판사는 끊임없이 말합니다.

"너는 아직 완벽하지 않아.", "너는 아직도 충분하지 않아."

그렇게 자신이 원하는 모습이 되지 못한 나를 결코 용서하지 못합니다. 이것이 진짜 문제입니다. 하지만 만약 이 부분을 바꿀 수 있다면 관계 안에서 자신의 몫을 온전히 돌볼 수 있습니다.

상대의 몫은 당신의 몫이 아닙니다.
누군가에게 사랑한다고 고백했을 때 그 사람이 "난 당신을 사랑하지 않아."라고 말해도 그것이 당신이 고통 받아야 할 이유는 아닙니다. 누군가가 당신을 거절한다고 해서 당신까지 자신을 거절할 필요는 없습니다.

한 사람이 당신을 사랑하지 않는다고 해서
세상의 모든 사람이 당신을 사랑하지 않는 것은 아닙니다.

언제나 다른 누군가가 있습니다.
그리고 누군가 억지로 함께 있는 것보다,
당신과 함께 있고 싶어 하는 사람과 함께하는 것이

훨씬 더 자연스럽고 아름답습니다.

당신이 집중해야 할 가장 멋진 관계는 바로 자신과의 관계입니다. 이것은 이기심이 아니라 자기 사랑에 관한 일입니다. 이기심은 사랑이 결핍된 상태에서 비롯되지만 자기 사랑은 충만함에서 비롯됩니다.

당신은 자신을 먼저 사랑해야 합니다.
그러면 사랑은 점점 더 자라날 것입니다.

그때부터 당신은 사랑받기 위해 관계에 들어가는 것이 아니라 선택해서 관계를 맺게 됩니다. 원할 때 원하는 사람을 선택할 수 있고 그 사람이 어떤 사람인지 있는 그대로 볼 수 있습니다. 사랑이 필요한 것이 아니라면 자신을 속일 필요도 없습니다.

당신은 이미 완전한 존재입니다.

사랑이 당신 안에서 흘러나오기 시작하면 외로움을 두려워하지 않게 됩니다. 혼자 있어도 괜찮습니다. 혼자 있어도 충분히 행복합니다. 그리고 누군가와 나누는 시간은 기쁨이 됩니다. 내가 당신을 좋아하고 함께 시간을 보낸다면 그것은 당신을 통제하고 소유하고 싶어서가 아니라, 순수한 즐거움을 함께 나누고 싶기 때문이어야 합니다.

만약 관계가 비난이나 판단, 불편함을 동반하는 것이라면 그것은 더 이상 즐거움이 아닙니다. 고통을 주는 관계라면 혼자가 더 낫습니다.

사람들은 정말로 서로를 소유하고, 벌주고, 구원하기 위해 관계를 맺는 걸까요? 우리에겐 수많은 선택지가 있지만 그중 진정으로 우리가 원하는 것은 무엇일까요?

한 번 상상해 보세요.

당신이 다섯 살, 여섯 살, 일곱 살이었을 때를. 그때 우리는 단지 놀고 싶고 즐겁고 싶어서 친구를 찾았습니다. 누군가와 드라마를 만들기 위해 다가간 게 아닙니다. 가끔 싸우기도 하지만 그건 금방 끝났고 우리는 다시 놀이를 이어갔습니다. 지루해지면 게임을 바꾸고, 규칙을 바꾸고, 항상 새로운 가능성을 탐색했습니다. 그 순수함이야말로 관계의 진짜 본질입니다.

만약 질투하고, 소유하고, 통제하려는 마음으로 관계를 시작했다면 당신은 즐거움이 아니라 고통을 찾고 있는 것입니다. 그리고 결국 고통을 얻게 될 것입니다. 파트너가 당신을 행복하게 해주기를 바라는 이기적인 기대 속에서 시작된 관계는 결코 당신을 만족시킬 수 없을 테니까요. 그것은 파트너의 잘못이 아니라 당신 자신의 문제입니다.

관계를 맺는 이유는 나누고 싶기 때문입니다. 즐기고 싶기 때문이며 함께 행복해지고 싶기 때문입니다. 외로움과 지루함을 피하려고 파트너를 찾는 것이 아니라, 내 안에 넘치는 생명력과 기쁨을 나누고자 관계를 시작하는 것입니다.

하지만 사랑한다고 말하면서 질투와 분노와 이기심을 파트너에게 쏟아 붓습니다. 왜 사랑한다는 사람에게 자신 안의 온갖 감정적 쓰레기를 던지기 위해 그를 선택하는 걸까요?

"당신을 사랑해요"라는 말 뒤에 학대와 모욕, 무시는 왜 따라야 합니까? 그것은 사랑이 아닙니다.

진정으로 사랑한다면 사랑하는 사람에게 가장 좋은 것을 주고 싶어야 합니다. 내 감정의 독과 두려움을 자녀에게 퍼붓는 것은 사랑이 아닙니다. 내 쓰레기를 부모 탓으로 돌리는 것 역시, 성숙한 사랑의 방식이 아닙니다.

사람들은 점점 더 이기적이 됩니다. 마음을 닫는 법을 배웁니다. 사랑에 굶주리면서도 마음 안에 마법의 주방이 있다는 사실은 잊고 살아갑니다.

하지만 진실은 이렇습니다.

당신의 마음은 마법의 주방입니다.

나눠주고 나눠도 결코 줄지 않는 사랑의 백만장자입니다.

마음을 여십시오.

마법의 주방을 여십시오.

그리고 세상을 떠돌며 사랑을 구걸하려 하지 마십시오.

당신의 마음 안에는 이미 필요한 모든 사랑이 있습니다.

그 사랑은 당신 자신뿐만 아니라 세상을 위한 것이며,

끝없이 샘솟을 수 있습니다.

당신은 사랑을 조건 없이 나눌 수 있습니다.

기대 없이, 대가 없이, 아낌없이 베풀 수 있습니다.

왜냐하면 당신은 마음속에 마법의 주방을 지닌 사람이기 때문입니다.

사랑에 굶주린 사람들은 당신 곁에 머물고 싶어 할 것입니다. 그들은 아직 자기 마음의 문이 닫혀 있다는 사실을 알지 못한 채, 당신의 사랑을 통해 따뜻함을 느끼고 싶어 할 것입니다. 그러나 당신을 진짜로 행복하게 만드는 것은 밖에서 오는 사랑이 아니라 당신 안에서 흘러나오는 사랑입니다.

그리고 당신이 그 사랑을 나눌 때, 사람들은 당신을 사랑하게 될 것입니다. 당신은 결코 외롭지 않을 것입니다.

이기적인 사람은 항상 외롭게 남게 됩니다. 그것은 누구의 잘못도 아닙니다. 오직 자기 자신에게 책임이 있습니다. 당신의 너그러움은 모든 문을 열어 줄 것입니다. 이기심은 결코 그 문을 열 수 없습니다. 이기심은 마음의 빈곤에서 비롯된 것입니다. 사랑이 부족하다고 믿을 때, 사랑을 움켜쥐게 됩니다.

내일은 그것조차 없을지도 모른다는 두려움이 우리를 이기적으로 만듭니다.

하지만 당신의 마음이 마법의 주방이라는 사실을 알게 되면 그 순간부터 너그러워집니다. 그리고 당신의 사랑은 조건 없는 사랑이 됩니다.

7장

Chapter 7

눈을 뜨고 다시
나를 봅니다

With Open
Eyes, I See Myself Anew

눈을 뜨고 다시 나를 봅니다

 인생의 모든 관계는 치유될 수 있습니다. 모든 관계는 멋질 수 있습니다. 하지만 진실을 사용할 용기가 필요합니다. 스스로에게 진실을 말하고 자신에게 완전히 정직해야 합니다. 세상 모두에게 정직할 필요는 없지만 적어도 자신에게는 정직해야 합니다. 주변에서 벌어지는 일을 통제할 수 없을지 몰라도 자신의 반응은 통제할 수 있습니다.

그리고 그 반응이 당신의 인생, 당신의 꿈(의식, 생각, 개념)을 이끌어갑니다. 당신을 불행하게 만드는 것도, 행복하게 만드는 것도 결국 당신의 반응입니다.

그 반응이 내 인생, 무의식적으로 형성한 현실 인식, 즉 나를 이끌어갑니다. 나를 불행하게 만드는 것도, 행복하게 만드는 것도 결국 나의 반응입니다.

반응은 삶의 열쇠입니다. 반응을 제어하는 법을 배운다면 습관을 바꿀 수 있고 인생을 바꿀 수 있습니다. 자신의 모든 행동, 생각, 말, 감정의 결과에 책임이 있습니다. 그 결과가 어디서 비롯됐는지 명확히 알기 어려울 수는 있어도 결과 자체는 분명하게 드러납니다. 지금 당신이 그 결과 속을 살고 있기 때문입니다.

고통을 겪든, 기쁨을 누리든, 그것은 모두 당신이 선택한 반응의 결과입니다.

당신은 선택을 통해 자신만의 꿈(의식, 생각, 개념)을 조율할 수 있습니다. 그 결과가 현재 만족스럽다면 계속 그렇게 하면 됩니다.

그러나 지금의 삶이 마음에 들지 않는다면 당신을 괴롭게 만드는 그 '상황'이 즐겁지 않다면 그 결과를 만들어 낸 원인을 들여다보아야 합니다. 그것이 바로 자신의 현실 인식을 바꾸는 길이며 더 깊은 의미에서 당신의 의식을 바꾸는 방법입니다.

당신의 삶은 당신만의 의식이 현실로 표현된 것입니다. 이 꿈(의식, 생각, 개념)의 프로그램을 바꿀 수 있다면 당신은 삶의 주인이 될 수 있습니다. 꿈(의식, 생각, 개념)의 주인은 자신의 삶을 하나의 걸작으로 창조할 수 있습니다.

그러나 그것은 쉬운 일이 아닙니다. 대부분의 사람은 자신이 꾸는 의식과 생각들 즉 관념의 노예로 살아가고 있기 때문입니다. 우리는 이미 정해진 틀 안에서 꿈(의식, 생각, 개념)꾸는 법을 배워 왔고 '불가능하다'는 믿음을 너무 오래 품고 살아왔습니다. 이 공포에서 벗어나려면 꿈(의식, 생각, 개념)을 다스릴 수 있어야 합니다.

톨텍은 인간을 두 부류로 나눕니다. 자신이 살아가는 현실이 무의식적으로 형성된 환상임을 자각하고 그것을 하나의 놀이처럼 여기는 '꿈꾸는 자'.
그리고 그 자기 안의 모든 반응과 행동을 끊임없이 추적하며 진실에 다가가는 '추적하는 자'.

당신도 자신을 추적해야 합니다. 더 깊이 알고자 애쓰고 관련된 책을 찾아 읽으며 찾아야 합니다. 매 순간, 자신의 반응과 마음을 들여다봐야 합니다. 이것은 많은 시간과 용기를 요구합니다. 익숙한 방식대로 반응하는 것이 훨씬 쉽기 때문입니다. 그러나 그렇게 하면 같은 실수를 반복하고 고통과 상처는 계속 쌓여갑니다. 그 반응은 감정적 독소를 키우고 삶의 드라마를 더 복잡하게 만듭니다.

하지만 자신의 반응을 관찰하고 통제할 수 있다면 사물을 있는 그대로 보기 시작할 것입니다. 우리의 본래 마음은 모든 것을 있는 그대로 인식할 수 있습니다. 그러나 수많은 믿음과 오류의 프로그램 속에서 살아왔기에 보고 듣는 모든 것에 왜곡된 해석을 덧붙여 온 것입니다.

무의식적으로 형성된 현실 인식 속에서 사물을 바라보는 방식과 판단 없이 있는 그대로 바라보는 방식 사이에는 큰 차이가 있습니다. 그 차이는 감정의 몸이 인식한 것에 대해 어떻게 반응하느냐에 있습니다.

예를 들어 길을 걷다가 어떤 낯선 사람이 다가와 "넌 참 바보 같아"라고 말하고는 그냥 가버렸다고 해봅시다. 당신은 여러 가지 방식으로 반응할 수 있습니다. 그 말에 상처를 받고 '나는 정말 바보일지도 몰라'라고 믿을 수도 있고, 분노하거나 모욕감을 느낄 수도 있으며 그저 무시하고 지나칠 수도 있습니다.

그러나 진실은 그 사람이 자신의 감정적 독을 처리하던 중에 당신이 우연히 그 자리에 있었을 뿐이라는 사실입니다. 그 말은 당신과는 아무런 관련이 없습니다. 거기에는 어떤 개인적인 의미도 없습니다.

이 사실을 있는 그대로 볼 수 있다면 당신은 반응하지 않게 됩니다. 오히려 이렇게 말할 수 있을 것입니다. '저 사람은 지금 고통을 겪고 있구나.' 그러면서도 그것을 개인적으로 받아들이지 않게 됩니다.

이 예는 단지 하나의 상황일 뿐이지만 사실 우리의 삶 전체에 적용되는 본질적인 진리입니다. 우리는 '작은 자아'로 살아가며 거의 모든 일을 개인적으로 받아들입니다. 그래서 과잉 반응하게 되고 실제로 벌어지고 있는 일을 제대로 보지 못합니다. 즉각적으로 반응하고 그 반응을 통해 또 다른 꿈을 만들어 냅니다. 반응은 마음 깊은 곳에 자리한 믿음에서 비롯됩니다. 그 믿음은 수없이 반복된 반응을 통해 습관이 되었고 특정한 방식으로 반응하도록 길들여졌습니다.

바로 이것이 도전입니다. 익숙한 반응을 멈추고 낡은 습관을 바꾸는 것. 위험을 감수하고 새로운 선택을 하는 것입니다. 그 선택의 결과가 원하는 것이 아니라면 다시 선택하십시오. 그리고 또다시 선택하십시오. 원하는 결과가 나올 때까지 계속해서 바꾸십시오.

우리는 마음속을 갉아먹는 기생충 같은 심판자와 피해자라는 신념 체계를 우리 스스로 선택한 적이 없습니다. 하지만 만약 이 모든 것이 무의식적으로 형성된 현실 인식, 곧 의식이 만들어 낸 하나의 방식일 뿐이라는 사실을 자각하게 된다면, 그리고 그 선택을 한 것이 내가 한 게 아니었다는 걸 깨닫게 된다면 잃어버렸던 아주 중요한 무언가를 되찾을 수 있습니다.

그것은 바로 종교에서 말하는 '자유 의지'입니다. 많은 종교는 신이 인간을 창조할 때 자유 의지를 함께 주었다고 말합니다. 그 말은 사실입니다. 하지만 무의식적으로 형성된 현실 인식, 곧 의식이 만들어 낸 왜곡된 생각은 우리의 자유 의지를 빼앗아 갔고, 지금도 대부분의 인간은 여전히 그 꿈(의식, 생각, 개념)에 의해 통제당한 채 살아가고 있습니다.

'나는 변하고 싶어. 이렇게 가난하게 살 이유가 없어. 나는 똑똑하고 좋은 삶을 살 자격이 있어. 지금보다 훨씬 더 많은 돈을 벌 수

있어.'

그들은 머리로는 그것을 알고 있습니다. 하지만 실제로는 어떻게 행동할까요? 텔레비전을 켜고 몇 시간이고 그 앞에 앉아 시간을 흘려보냅니다. 그렇다면 그들의 의지는 과연 얼마나 강한 것일까요?

자각을 갖게 되면 선택할 수 있습니다. 항상 자각을 유지할 수 있다면 습관을 바꾸고 반응을 바꾸며 삶 전체를 변화시킬 수 있습니다. 자각이 찾아오는 순간, 바로 그 때 자유 의지를 되찾게 됩니다. 자유 의지를 가진 우리는 언제든지 자신이 누구인지를 기억할 수 있습니다. 설령 잊어버려도 자각이 있다면 다시 선택할 수 있습니다. 그러나 자각이 없다면 선택조차 불가능합니다.

자각한다는 것은 자신의 삶에 책임을 지는 것입니다. 세상에서 벌어지는 일에 책임을 지는 것이 아니라, 오직 자기 자신에 대해 책임지는 것입니다. 세상이 이런 모습이 된 것은 당신 탓이 아닙니다. 세상은 당신이 태어나기 훨씬 전부터 이미 이러했습니다. 당신은 세상을 구원하거나 사회를 변화시키기 위해 태어난 것이 아닙니다. 하지만 분명히 당신에게는 중요한 사명이 있습니다.

그 사명은 바로 자신을 행복하게 만드는 것입니다. 그리고 행복해지기 위해서는 당신이 무엇을 믿고 있는지, 어떻게 스스로를 판단하는지, 자신을 어떻게 피해자로 만들고 있는지를 깊이 들여다보아야 합니다.

당신의 행복에 대해 완전히 정직해지십시오.
"나는 인생에서 성공했어. 원하는 걸 모두 가졌어. 정말 행복해."
세상에 그렇게 보이려 애쓰지 마십시오. 실제로 자신을 좋아하지 않는다면 그것은 진실이 아닙니다.

사실 모든 것은 이미 우리에게 주어져 있습니다. 그러나 먼저 우리는 눈을 떠야 합니다. 진실을 볼 용기를 내야 합니다. 인간은 눈이 멀어 있습니다. 그들이 진실을 보고 싶어 하지 않기 때문에 눈이 먼 것입니다.

예를 들어 봅시다. 한 젊은 여성이 남자를 만납니다. 강한 끌림을 느끼고 그의 모든 것이 좋아 보입니다. 호르몬은 최고조에 이르고 그녀는 그를 갖고 싶어 합니다. 하지만 그녀의 친구들은 단번에 알아챕니다. 그는 마약을 하고 일도 하지 않으며 여자를 힘들게 할 모든 요소를 갖고 있습니다. 그러나 그녀는 그를 어떻게 봅니까?

그녀는 보고 싶은 것만 봅니다. 키가 크고, 잘생기고, 강하고, 매력적인 모습만을 봅니다. 자신의 기대에 맞는 이미지를 만들어냅니다. 그리고 보고 싶지 않은 사실은 부정합니다. 그녀는 스스로에게 거짓말을 합니다. 이 관계는 괜찮을 거라고 믿고 싶어 합니다. 친구들이 말합니다.

"그는 마약 중독자야. 알코올 중독자야. 일도 안 해."

그러나 그녀는 이렇게 말합니다. "그래도 내 사랑이 그를 바꿀 거야."

물론 그녀의 어머니와 아버지는 그 남자를 싫어합니다. 부모는 딸이 어디로 향하고 있는지 알기에 걱정합니다. 그들은 말합니다. "그 남자는 너에게 좋은 사람이 아니야." 그러나 그녀는 반발합니다. "당신들은 내 인생에 간섭하려는 거야." 그녀는 부모의 말을 무시하고 자신의 호르몬을 따릅니다. 그리고 스스로에게 이렇게 말하며 자신의 선택을 정당화합니다.

"내 인생이야. 나는 내가 원하는 대로 살 거야."

몇 달 후, 현실은 그녀를 깨웁니다. 진실이 드러나기 시작하고 그녀는 이제 남자를 탓합니다. 하지만 사실은 처음부터 보지 않으려 했던 자신에게 책임이 있습니다. 그 관계에는 사랑도, 존중도 없고 고통만이 남아 있습니다.

그러나 이제 그녀에게는 자존심이 더 중요해졌습니다. 어떻게 부모가 옳았다는 사실을 인정하고 돌아갈 수 있을까요? 그렇게 되면 부모가 만족할 것이고 그건 그녀가 받아들이기 어려운 일입니다.

이 여성이 이 교훈을 깨닫는 데 얼마나 걸릴까요? 그녀는 자신을 얼마나 사랑하고 있을까요? 그녀는 어디까지 자신을 학대하게 될까요?

이 모든 고통은 눈앞에 분명히 보였던 진실을 보지 않으려 했기 때문에 시작된 것입니다. 만약 누군가가 처음부터 자신을 포장하려 한다면 그 거짓된 가면 뒤에 사랑과 존중이 결여돼 있다는 사실은 결국 드러나게 됩니다.

하지만 우리는 그것을 보려 하지 않고 들으려 하지 않습니다. 그래서 한 고대 예언자는 이렇게 말했습니다.

"보고 싶어 하지 않는 사람보다 더 눈먼 사람은 없다. 듣고 싶어 하지 않는 사람보다 더 귀 먹은 사람은 없다. 이해하려 하지 않는 사람보다 더 미친 사람은 없다."

우리는 정말 눈이 멀어 있습니다. 그리고 그 대가를 치르며 살아갑니다. 하지만 만약 눈을 뜨고 삶을 있는 그대로 볼 수 있다면 많은 감정적 고통을 피할 수 있습니다. 그렇다고 위험을 피하라는 뜻은 아닙니다. 살아 있는 존재이기에 위험을 감수해야 합니다.

그리고 설령 실패하더라도 무슨 상관이 있습니까? 누가 신경 쓰겠습니까? 괜찮습니다. 그저 배우고 판단 없이 앞으로 나아가면 됩니다.

우리에겐 판단도, 비난도, 죄책감도 필요 없습니다. 그저 자신의 진실을 받아들이고 새로운 시작을 의도하면 됩니다. 우리가 있는 그대로의 자신을 볼 수 있다면 그것이 자기 수용을 향한 첫걸음입니다. 그것이 자기 거절을 멈추는 출발점입니다. 그리고 자신을 온전히 받아들이게 되는 그 순간부터 모든 것이 변하기 시작할 것입니다.

모든 사람은 각자의 값을 갖고 있으며 삶은 그 값을 그대로 존중합니다. 그러나 그 값은 달러나 금으로 매겨지지 않습니다. 그것은 사랑으로, 더 정확히 말하면 자기 사랑으로 측정됩니다. 자신을 얼마나 사랑하느냐, 그 사랑의 크기가 곧 나의 값입니다. 그리고 삶은 그 값을 그대로 반영합니다.

자신을 깊이 사랑할 때, 자신의 값은 매우 높아집니다. 그 말은 곧, 스스로를 학대하는 것에 대한 인내심이 낮다는 뜻입니다. 자신을 존중하기에 학대를 참지 못하는 것입니다. 지금의 나를 받아들이고 사랑할 때 그것이 자신의 가치를 더욱 높여줍니다.

반면, 자신에 대해 마음에 들지 않는 부분이 많을수록 자신의 값은 조금 낮아집니다. 때로 자기 판단이 너무 강해져서 어떤 이들은 자기 자신과 함께 있는 것을 견디기 위해 마음을 무디게 만들어야 합니다.

다른 사람을 싫어하면, 그 사람에게서 떠날 수 있습니다.

어떤 무리를 싫어하면, 그곳에서 벗어날 수 있습니다.

그러나 자신을 싫어하면, 어디로 가든 소용이 없습니다.

어디를 가도 자신은 함께 있기 때문입니다.

그래서 사람들은 자기 자신을 피하기 위해 마음을 흐리게 만들 무언가를 찾습니다. 술이 도움이 될 수도 있고 약물이 필요할 수도 있습니다. 혹은 단지 먹고, 먹고, 또 먹으려 할지도 모릅니다. 이렇게 자기 학대는 점점 심해질 수 있습니다. 스스로를 정말로 증오하는 사람들도 있습니다. 그들은 자신을 조금씩 파괴하며 살아갑니다. 단지, 한 번에 죽일 용기가 없기 때문입니다.

자기 파괴적인 사람들을 관찰해 보면 그들은 자신과 비슷한 사람들을 끌어당깁니다. 자신을 싫어하는 사람은 무엇을 할까요? 고통을 잊기 위해 술에 의지하려 합니다. 그것이 우리가 사용하는 변명입니다. 술은 어디서 마실까요? 술집에 갑니다. 그리고 거기에는 우리처럼 자기 자신을 피하려고 하고 무감각해지려는 사람들이 있습니다. 그렇게 함께 무감각해지고 서로 고통을 이야기하며 아주 잘 통하게 됩니다.

이렇게 서로는 서로를 완벽히 이해합니다. 왜냐하면 같은 파장을 공유하고 있기 때문입니다. 따라서 서로를 파괴하고 서로에게 상처를 주며 지옥 같은 완벽한 관계를 만들어냅니다.

그런데 변화가 찾아오면 어떻게 될까요? 어떤 이유 때문으로는 더 이상 술이 필요 없게 됩니다. 이제는 자신과 함께 있는 것이 괜찮아지고 오히려 그것을 즐기게 됩니다. 더 이상 술을 마시지 않지만 여전히 같은 친구들과 어울리고 있습니다. 그들은 여전히 술을 마시며 무감각해지고 즐거워지기 시작하지만 나는 그들의 행복이 진짜가 아니라는 것을 분명히 볼 수 있습니다.

그들이 말하는 '행복'은 자신의 감정적 고통에 대한 반항일 뿐입니다. 그들은 너무 상처받아 있기 때문에 다른 사람을 상처 주고 자신을 상처 주는 데서 재미를 느끼고 있습니다.

당신은 더 이상 그들과 맞지 않게 됩니다. 그들은 당연히 당신을 불편해합니다. "이제 우리랑 술도 안 마시고 같이 취하지도 않잖아. 나를 거절하는 거야?" 그들은 그렇게 말합니다.

이제 선택해야 합니다. 물러서거나 더 높은 파장의 사람들과 어울리는 새로운 차원으로 나아가야 합니다.

거기서 당신은 마침내, 자신을 있는 그대로 받아들이는 사람들을 만나게 됩니다. 그리고 또 다른 현실의 세계를 발견하게 됩니다. 이제는 어떤 종류의 학대도 받아들이지 않게 됩니다.

8장

Chapter 8

성(性) 몸의 말, 마음의 오역

인간을 우주의 창조 과정에서 잠시 제외해 보면 모든 것이 그 자체로 완전하다는 사실을 알 수 있습니다. 별, 달, 나무, 동물, 그 누구도 설명되거나 판단 받을 필요 없이 존재합니다. 삶은 그냥 그렇게 흘러갑니다.

이제 인간을 다시 창조물 안에 넣어보되 단 하나, '판단하는 능력'만 제외한다면 어떨까요? 그러면 인간 역시 자연의 일부라는 것이 분명해집니다. 좋거나 나쁘지 않고 옳거나 그르지도 않습니다. 그냥 존재할 뿐입니다.

그러나 현실의 인간은 그렇게 존재하지 못합니다. 우리는 모든 것을 판단하려 합니다. 좋고 나쁨, 옳고 그름으로 나누고 그 기준에 맞춰 삶을 해석하려 합니다. 사실은 단지 '그렇게 존재하는 것'인데도 왜 그런지를 설명해야 안심합니다.

우리는 태어나면서부터 무언가를 배웁니다. 가족, 사회, 종교는 도덕과 규칙, 믿음을 가르칩니다. 그리고 대부분의 감정과 행동을 그 배운 기준에 따라 정당화하거나 숨기려 합니다. 그렇게 천사와 악마를 만들어내고 그중 가장 큰 악마는 성(性)이 됩니다. 아이러니하게도 인간의 몸은 성을 위해 설계되어 있는데도 말입니다.

인간은 본래 성적인 존재입니다. 그것은 단순한 생물학적 사실입니다. 우리 몸에는 생명에 필요한 지혜가 담겨 있고 그 지혜는 DNA 속에 각인되어 있습니다. 그 유전자는 해석하지 않습니다. 변명하지도 않습니다. 그저 알고 있고 작동할 뿐입니다.

문제는 성이 아니라 그 사실을 받아들이지 못하는 우리의 마음입니다. 있는 그대로를 보지 못하고 판단과 해석으로 억지 설명을 붙이려 할 때 고통이 시작됩니다.

우리는 성과 관계에 대해 수많은 믿음을 만들어냈고 그 믿음은 대부분 왜곡되어 있습니다. 사실은 간단했지만 복잡한 설명을 덧붙이며 스스로를 죄인으로 만들었습니다. 그러나 성적 본능은 강력합니다.

사람들은 성에 대해 쉽게 말합니다. "저 여자가 하는 짓 좀 봐", "저 남자는 또 뭐야" 같은 말들로 누군가의 삶을 재단합니다. 여자는 어떻게 행동해야 하고 남자는 어떻게 말해야 하는지에 대한 기준을 만들어 놓았습니다.

남자는 누구의 시선으로 보느냐에 따라 지나치게 강하거나 지나치게 약해 보입니다. 여자는 너무 말랐거나, 너무 뚱뚱하다는 평가를 받습니다. 우리는 여자가 아름다워지기 위해 따라야 할 규칙들을 끊임없이 만들어 냈고 적절한 옷과 이미지를 갖추지 못하면 스스로를 가치 없는 존재로 여기는 세상을 살아가고 있습니다.

우리는 성에 대해 너무 많은 거짓을 믿고 있습니다. '성은 동물적인 것이다', '성은 악하다', '성적인 감정을 느끼는 건 부끄러운 일이다' 이런 말들은 자연의 이치와는 전혀 맞지 않습니다. 그러나 그런 말들을 진실처럼 받아들입니다.

우리의 진짜 본성은 그 어떤 도덕이나 규칙과도 맞지 않습니다. 그래서 자꾸만 죄책감을 느끼고 자신이 '되어야 할 모습'이 아니라고 믿으며 스스로를 심판합니다. 그렇게 상처가 생기고 감정적 독소가 그 상처를 곪게 만듭니다.

마음은 그런 게임을 합니다. 하지만 몸은 다릅니다. 몸은 그 모든 판단이나 믿음에 상관없이 단지 성적 욕구를 느낍니다. 그것은 지극히 정상적인 생리 현상입니다. 어떤 순간에 성적 끌림을 느끼고 그것은 전혀 문제가 되지 않습니다. 자극이 있으면 욕구가 생기고 자극이 사라지면 욕구도 사라집니다. 몸은 그렇게 단순하고 정직합니다. 문제는 언제나 마음입니다.

예를 들어 당신이 결혼한 상태이고 신앙 안에서 성장했다고 가정해봅시다. 당신은 성에 대해 무엇이 옳고, 그르고, 허용되고, 죄가 되는지를 배워왔습니다. 섹스는 결혼한 부부만의 것이라고 들었고 혼외 성관계는 죄라고 믿고 있습니다.

그래서 섹스를 정당화하려면 결혼이라는 계약이 먼저 필요하다고 생각합니다. 그렇게 충성을 맹세하며 살아가던 어느 날, 길을 걷다 우연히 한 남자와 마주칩니다. 강한 끌림이 느껴집니다. 몸은 본능적으로 반응합니다. 행동으로 옮기려는 것도 아니고 무언가를 원한 것도 아닙니다. 그저 반응이 일어났을 뿐입니다. 자극이 사라지면 욕구도 사라질 것입니다. 그 자체로는 아무 문제가 없습니다.

하지만 마음은 가만있지 않습니다. 이 반응을 어떻게든 설명하고 정당화하려 듭니다. 왜냐하면 당신은 '안다'고 믿기 때문입니다. 이것은 나쁘다, 죄다, 용납될 수 없다고 배워왔기 때문입니다.

그리고 그 믿음이 바로 문제의 시작입니다. 판단이 개입하는 순간, 마음속에서 드라마가 시작됩니다. 죄책감과 수치심이 생기고 스스로를 심판하기 시작합니다.

나중에 그 남자를 다시 떠올리기만 해도 몸은 다시 반응합니다. 실제로 보지 않아도 기억 속의 이미지가 다시 자극이 됩니다. 만약 처음 그 순간에 판단 없이 반응을 흘려보냈다면 아무 일도 일어나지 않았을 것입니다. 하지만 이제 당신은 그를 떠올릴 때마다 성적 욕구를 느끼고 동시에 자신을 비난합니다.

'세상에, 이건 잘못된 거야. 나는 끔찍한 여자야.' 그렇게 죄의식에 사로잡히고 벌을 받아야 한다고 느끼며 끝없는 자책의 순환에 빠집니다.

그런데 사실 아무 일도 일어나지 않았습니다. 모든 것은 단지 마음속에서 일어난 일일 뿐입니다.

어쩌다 그 남자를 다시 만나 대화를 나누게 됩니다. 그 경험은 당신에게 황홀하게 느껴집니다. 그러나 그것은 그 남자가 특별히 훌륭해서도 성(性)이라는 것이 유난히 특별할 때에만 반응해서도 아닙니다. 단지 오랫동안 쌓여 있던 긴장과 두려움이 터져 나온 것뿐입니다. 그런데 마음은 이 경험이 모두 그 남자 덕분이라고 착각하게 만듭니다.

그 착각은 점점 커지고 머릿속에서 드라마가 시작됩니다. 하지만 그것은 실제가 아닙니다. 진정한 사랑도 아닙니다. 단지 마음이 만들어낸 환상일 뿐입니다. 이런 관계는 결국 파괴적입니다. 시간이 갈수록 자신을 상처 입히는 길이 됩니다.

상처를 만드는 원인은 바로 내가 믿는 '믿음'입니다. 그 믿음이 옳든 그르든 상관없이 지금 그 믿음을 어기고 있다고 느끼며 괴로워합니다. 물론 믿음을 깨는 것은 때때로 영적 성장으로 이어질 수 있습니다. 하지만 이런 상황에서는 자신을 희생자로 만들며 오히려 지옥 같은 고통 속으로 더 깊이 빠져들게 됩니다.

마음과 몸은 전혀 다른 필요를 가지고 있습니다. 하지만 우리는 종종 마음이 몸을 지배하도록 허용합니다. 몸은 아주 단순한 필요를 가지고 있습니다. 먹고, 마시고, 쉬고, 따뜻하게 지내야 하며 성적 욕구 또한 충족되어야 합니다. 이 모든 것은 지극히 정상적이고 비교적 쉽게 충족할 수 있습니다.

문제는 마음이 이 필요들을 자신의 것이라고 착각한다는 점입니다. 마음은 끊임없이 그림을 그리고, 상황을 만들어내고, 모든 것을 조절하려 합니다. 음식도, 물도, 옷도, 성도 마치 마음이 원하는 것처럼 느껴집니다.

그러나 마음은 실제로 그 어떤 물리적 필요도 갖고 있지 않습니다. 마음은 먹지도 않고, 숨 쉬지도 않으며, 성을 필요로 하지도 않습니다.

이 사실은 우리의 일상 속에서도 확인할 수 있습니다. 마음이 '배고프다'고 말할 때 우리는 음식을 먹습니다. 몸은 금세 만족하지만 마음은 여전히 허기집니다. 계속해서 먹고 또 먹어도 마음은 채워지지 않습니다. 그 욕구는 실제가 아니기 때문입니다.

입는 것도 마찬가지입니다. 몸은 날씨에 따라 보호가 필요합니다. 그러나 마음은 옷장을 가득 채워놓고도 여전히 '입을 옷이 없다'고 말합니다. 더 좋은 차, 더 좋은 집, 더 긴 휴가, 친구를 위한 게스트하우스까지, 이 끝없는 요구들은 모두 마음이 만들어낸 것입니다.

성도 예외는 아닙니다. 마음이 성적 욕구를 쥐고 있을 때 아무리 충족해도 만족할 수 없습니다. 왜냐하면 마음은 욕구를 욕망으로 바꾸고 욕망을 정체성으로 끌어들이기 때문입니다. 마음속에는 수많은 판단과 지식이 얽혀 있어 성을 점점 더 복잡하게 만듭니다.

사실 마음이 원하는 것은 성이 아니라 사랑입니다. 그러나 그조차도 정확히 말하면 사랑을 원하는 것은 마음이 아니라 영혼입니다.

마음은 공포 속에서도 살아남을 수 있습니다. 두려움도 마음에게는 연료가 되기 때문입니다. 하지만 그것은 우리가 원하는 영양은 아닙니다. 그것은 소화되지 않고 우리를 병들게 하는 에너지입니다.

이제 마음이라는 폭군으로부터 몸을 해방시켜야 합니다. 마음이 음식이나 성에 대한 욕구를 쥐고 있을 때 우리는 쉬지 못하지만, 그 욕구가 사라지면 모든 것이 훨씬 단순해지고 평화로워집니다.

그 시작은 욕구를 둘로 나누는 데 있습니다. 하나는 몸의 필요, 다른 하나는 마음의 필요입니다.

몸은 단순합니다. 생존을 위해 필요한 것만 요구합니다. 그런데 마음은 이 단순한 필요들을 자신의 문제로 끌어옵니다. 왜냐하면 마음은 끊임없이 '나는 누구인가?'라는 질문에 답하려 하기 때문입니다.

우리는 이 환상의 세계 안에서 살아가면서도 자신이 진짜 무엇인지는 모릅니다. 마음은 자신을 몸과 동일시합니다. "나는 이 몸이다. 내가 보는 것이 곧 나다. 내가 느끼고 생각하고 아픈 것이 바로 나다." 그렇게 마음은 몸의 모든 경험을 '나의 정체성'으로 착각합니다.

이 동일시는 매우 강력합니다. 몸에 어떤 필요가 생기면 마음은 그것이 곧 '자기 자신'의 문제라고 받아들입니다. 그래서 마음은 몸의 배고픔, 고통, 성적 충동까지도 전부 개인적인 의미로 해석합니다. 그것은 자신이 '무엇인가'를 이해하려는 마음의 집착에서 비롯됩니다.

그렇게 마음은 몸을 지배하기 시작합니다. 우리는 그 지배 아래 살아갑니다. 그러다 어느 날, 인생의 충격이나 깊은 질문 앞에서 자신이 '무엇이 아닌지'를 깨닫기 시작합니다.

그 깨달음은 이런 질문에서 시작됩니다.

"나는 이 손일까?" 손을 잘라내도 나는 여전히 존재합니다. 그렇다면 나는 손이 아니겠지.

"그럼 나는 이 얼굴일까?" 거울 속 모습을 바꾼다고 해서 내가 바뀌는 것은 아닙니다.

이렇게 하나씩 '내가 아닌 것'을 지워가다 보면 결국 마지막에 남는 무언가가 있습니다. 바로 그 자리에, 당신이 진짜로 누구인지가 남아 있습니다.

이 여정은 마음이 자기 정체성을 찾아가는 긴 과정입니다. 그 안에서 우리는 자신을 지켜주던 수많은 이야기, 내가 누구라고 믿어온 개인적인 서사들을 하나씩 내려놓게 됩니다. 그리고 마침내 자신이 진짜 무엇인지에 다가가게 됩니다.

그제야 알게 됩니다. 나는 내가 믿어온 존재가 아니었다는 것을. 왜냐하면 나는 그 믿음을 스스로 선택한 적이 없기 때문입니다. 내가 믿고 있는 것들은 대부분 태어날 때 이미 거기 있었습니다. 가족이 주었고, 사회가 가르쳤고 문화가 덧붙였습니다.

나는 이 몸도 아닙니다.
왜냐하면 몸 없이도 존재할 수 있기 때문입니다.
나는 꿈도 아니고, 마음도 아닙니다.
심지어 더 깊이 들어가 보면 나는 내가 '영혼'이라고 불러온 그것조차도 아닐 수 있습니다.

그러다 결국 믿기 어려운 진실에 도달합니다. 나는 '힘', 바로 생명 그 자체라는 사실입니다.

내 몸을 살아 있게 하는 힘, 내 마음이 끝없이 생각하고 꿈꾸게 하는 힘. 그 모든 것의 근원에 있는 존재, 그것이 바로 진짜 '나'입니다.

내가 없다면, 이 몸은 쓰러질 것입니다.
내가 없다면, 내가 꾸던 모든 꿈도 사라질 것입니다.
그렇습니다. 나는 '존재'입니다. 나는 '생명'입니다.
누군가의 눈을 들여다보세요. 그 안에는 자각이 있습니다. 생명의 빛이 깃들어 있습니다. 그 빛은 단순한 시선이 아닙니다. 그것은 존재의 증거입니다.

생명은 몸이 아닙니다.
마음도 아니고, 영혼조차 아닙니다. 생명은 '힘'입니다.
이 힘이 아기를 자라게 하고, 아이를 청소년으로, 어른으로, 그리고 노인으로 변화시킵니다.
그리고 언젠가 그 힘이 떠나면 몸은 부패하고 결국 먼지가 됩니다.

당신은 몸을 지나, 마음을 지나, 영혼을 지나 흐르는 생명입니다.
이 사실을 머리로가 아니라 느낌으로, 존재의 깊이에서 받아들이게 되는 순간이 있습니다.

그때 알게 됩니다.

당신은 꽃을 피우고 닫게 만드는 힘입니다. 벌새가 꽃에서 꽃으로 날아다니게 하는 힘입니다. 당신은 나무에도 있고 동물과 식물, 돌 안에도 흐르고 있습니다.

당신은 바람을 움직이고 숨을 쉬게 하는 힘입니다. 이 우주 전체는 살아 있는 존재이며 그 우주를 움직이는 힘이 바로 당신입니다.

당신은 생명입니다.

9장

Chapter 9

Love, But Do Not Lose Yourself

나의 꿈을 사랑으로 다시 쓰다

 당신은 자신의 마음을 갖고 놀며 자신의 몸을 가장 좋아하는 장난감처럼 다루며 즐길 수 있는 힘을 지닌 존재입니다. 그것이 바로 당신이 이곳에 존재하는 이유입니다. 놀고, 즐기기 위해서입니다.

우리는 행복할 권리를 갖고 태어났습니다. 삶을 즐길 권리를 갖고 있습니다. 고통 받기 위해 태어난 것이 아닙니다. 물론 고통 받기를 원한다면 그렇게 할 수도 있습니다. 하지만 굳이 그럴 필요가 없습니다. 그렇다면 왜 고통 받을까요?

세상이 온통 고통 속에 있기 때문입니다. 그리고 어느새 고통이 정상이라는 전제를 세워버렸습니다. 그다음, 그 '진실'을 뒷받침하는 믿음 체계를 만들어냈습니다.

종교는 이렇게 말하기도 합니다. "인생은 고난의 골짜기다. 우리는 고통을 겪기 위해 이곳에 왔다. 오늘의 고통을 참고 인내하라. 그러면 죽은 뒤에 보상을 받을 것이다."

그럴듯하게 들립니다.

그러나 그것은 사실이 아닙니다. 그러나 우리는 고통 받기를 선택한 것입니다. 왜냐하면 고통 받는 법을 배웠기 때문입니다. 같은 선택을 반복하는 한, 고통도 계속될 것입니다. '행성의 꿈'은 인류의 이야기이자 인간의 진화를 담고 있습니다. 그리고 고통은 그 진화의 결과입니다.

인간은 '안다'는 이유로 고통 받습니다. 자신이 믿는 것을 알고 있고 수많은 거짓을 알고 있으며 그 거짓을 실현할 수 없기에 고통 받습니다.

그러나 여기서 말하는 '안다'는 것은 지식이 아니라 우리가 만든 믿음과 그것을 붙드는 마음의 습관입니다.

우리가 죽은 후에 지옥이나 천국으로 가는 것이 아닙니다. 우리는 지금 이 순간 지옥에서 살고 있거나, 천국에서 살고 있는 것입니다. 천국과 지옥은 오직 마음의 차원에서만 존재합니다.

지금 고통 속에 있다면 죽어서도 고통 속에 있을 것입니다. 왜냐하면 마음은 뇌와 함께 죽지 않기 때문입니다. 여기서 '뇌'와 '마음'의 관계를 잠시 생각해 보십시오. 뇌는 꺼질 수 있지만 마음이 꾸는 '꿈 (의식, 생각, 자기 개념)'은 계속됩니다. 지금 우리의 꿈이 지옥이라면 뇌가 죽어도 우리는 여전히 그 지옥 속에서 꿈을 꾸고 있을 것입니다.

죽은 상태와 잠든 상태의 차이는 단 하나, 뇌가 있느냐 없느냐입니다. 잠들면 깨어날 수 있지만 죽으면 깨어날 수 없습니다. 그러나 꿈은 계속됩니다. 이것이 의미하는 바를 깊이 생각해 보십시오.

지금 꾸는 꿈이 무엇이든 그것이 '다음'까지 이어질 수 있습니다. 천국과 지옥은 바로 지금, 여기에 존재합니다. 죽기를 기다릴 필요가 없습니다. 당신이 자신의 삶과 행동에 책임을 진다면 당신의 미래는 당신 손에 달려 있습니다. 그리고 살아 있는 동안에도 천국에서 살 수 있습니다.

대부분의 사람이 이 행성에서 만들어낸 꿈 (의식, 생각, 자기 개념)은 분명 지옥입니다. 하지만 그것이 옳다거나 그르다거나, 좋다거나 나쁘다고 단정할 수는 없습니다. 비난할 대상도 없습니다. 부모를 탓할 수 있을까요? 아닙니다. 그들도 자신이 아는 한 최선을 다했을 뿐입니다. 그들의 부모 역시 같은 방식으로 최선을 다했습니다. 만약 당신에게 자녀가 있다면 당신도 처음부터 더 나은 방법을 알았을까요? 아마 아닐 것입니다. 그렇다면 자신을 어떻게 탓할 수 있겠습니까?

자각한다는 것은 누군가를 비난하거나 자신이 한 일에 죄책감을 느끼는 것이 아닙니다. 우리는 모두 전염성 강한 정신적 질병 속에서 자라왔습니다. 그것은 공기처럼 보이지 않지만 세대에서 세대로 옮겨가며 마음을 길들이고 믿음을 만들고 행동을 규정했습니다. 그 안에서 살아온 우리에게 그 병에 대한 죄책감을 지우는 것은 무의미합니다.

이 세상에 존재하는 모든 것은 완벽합니다.

당신 역시 지금 이대로 완벽합니다.

이것이 진실입니다. 이미 당신은 하나의 스승입니다.

비록 그 스승이 분노와 질투를 가르치고 있다 하더라도 그 배움조차 완벽합니다. 왜냐하면 그것은 당신이 살아 있는 동안 경험할 수 있는 유일한 '지금의 진리'이기 때문입니다.

당신의 삶에서 거대한 드라마가 펼쳐지고 있다면 그 또한 완벽합니다. 때로는 그 드라마가 너무 커서 숨이 막힐 수도 있습니다. 그러나 우리는 영화 속 비극에도 감동하고 눈물을 흘릴 수 있습니다. 지옥이 아름답지 않다고 누가 말했습니까? 지옥조차도 우리를 변화시키고 때로는 새로운 삶을 갈망하게 만듭니다.

지금 당신이 인생에서 지옥을 꿈(의식, 생각, 자기 개념)꾸고 있다 해도 그 순간의 당신 또한 완벽합니다. 완벽하다는 것은 '모든 것이 좋다'는 뜻이 아니라, 지금 있는 그대로의 자신이 변화의 출발점이 될 수 있다는 뜻입니다. 자기 자신을 있는 그대로 바라보고 받아들이는 그 순간부터 새로운 선택이 가능해집니다. 그것이 바로 완벽함의 힘입니다.

우리를 불완전하게 만드는 것은 오직 '지식'입니다. 지식은 꿈(의식, 생각, 자기 개념)에 대한 설명일 뿐입니다. 그러나 꿈(의식, 생각, 자기 개념)은 실제가 아니며 따라서 지식 또한 실제가 아닙니다. 지식이 어디에서 왔든, 그것은 하나의 인식 관점에서만 현실일 뿐입니다. 관점이 바뀌면 그 지식은 더 이상 현실이 아닙니다.

그래서 우리는 결코 지식을 통해 자기 자신을 찾을 수 없습니다. 왜냐하면 우리가 진정으로 찾고 있는 것은 바로 '나 자신'이기 때문입니다. 기생하는 마음이 프로그래밍한 삶이 아니라 나 자신의 삶을 살아가는 것. 이것이 우리가 향해야 할 길입니다.

우리를 진짜 자신으로 이끄는 것은 지식이 아니라 지혜입니다. 지식과 지혜는 명확히 구분되어야 하며 결코 동일하지 않습니다.

지식의 주된 목적은 소통입니다. 우리가 지각한 것을 서로 합의하고 공유하는 데 필요한 도구입니다. 인간은 마음에서 마음으로 직접 소통하는 법을 거의 잊었기 때문에 지식은 인간이 서로 연결되는 거의 유일한 수단이 되었습니다.

그러나 중요한 것은 지식을 어떻게 사용하는가입니다. 지식은 도구일 뿐인데 우리는 너무 쉽게 그 도구의 노예가 됩니다. 그 순간 우리는 자유를 잃습니다. 지식이 우리를 정의하고 제한하고 갇히게 만들 때 그것은 이미 삶을 위한 자산이 아니라 족쇄가 됩니다.

지혜는 지식과 아무 관련이 없습니다. 지혜는 자유와 관련이 있습니다. 지혜로운 사람은 자신의 마음을 자유롭게 사용할 수 있으며 자신의 삶을 스스로 이끌어 나갑니다. 건강한 마음은 기생하는 마음에서 풀려난 상태입니다. 그것은 다시, 길들이기 이전의 상태로 돌아가는 것입니다.

마음을 치유하고 꿈(의식, 생각, 자기 개념)에서 벗어나면 우리는 더 이상 순진하지 않지만 지혜로워집니다. 여러 면에서 다시 아이처럼 돌아갑니다. 그러나 결정적인 차이가 있습니다. 아이는 순진하기 때문에 고통과 불행에 쉽게 빠집니다. 하지만 꿈(의식, 생각, 자기 개념)을 초월한 사람은 다릅니다. 그는 지혜롭기 때문에 다시는 그 안으로 빠져들지 않습니다. 왜냐하면 이제 알고 있기 때문입니다. 그는 꿈에 대한 지식도 함께 갖고 있기 때문입니다.

지혜로워지기 위해 많은 지식을 쌓을 필요는 없습니다. 누구나 지혜로워질 수 있습니다. 당신도 예외가 아닙니다. 지혜로워지면 인생은 놀라울 만큼 단순하고 쉬워집니다. 왜냐하면 그때 비로소 본래의 나로 살게 되기 때문입니다. 자신이 아닌 다른 누군가가 되려고 애쓰는 일은 끝없이 어렵습니다. 자신을 설득하고 다른 사람을 설득하는 데 엄청난 에너지가 소모됩니다.
그러나 본래의 나로 살아가는 데는 어떤 노력도 필요하지 않습니다. 그저 있는 그대로 존재하면 됩니다.

당신이 지혜로워지면 더 이상 자신이 만들어낸 온갖 이미지 뒤에 숨을 필요가 없습니다. 다른 무언가인 척할 필요도 없습니다. 있는 그대로의 자신을 받아들이게 되며 그 완전한 수용은 곧 다른 이들에 대한 완전한 수용으로 이어집니다. 더 이상 타인을 바꾸려 하거나 자신의 관점을 강요하지 않습니다. 타인의 신념을 있는 그대로 존중하게 됩니다.

지혜로워진 당신은 자신의 몸과 인간으로서의 본성, 그리고 본능을 받아들입니다. 동물로 존재하는 것이 잘못된 것이 아닙니다. 우리는 동물이고 동물은 본능을 따릅니다. 그러나 우리는 지나치게 높은 지능으로 오히려 본능을 억누르는 법을 배웠습니다. 심장에서 올라오는 소리를 듣지 않고 그 목소리를 무시하는 법을 배웠습니다. 그래서 자신의 몸과 싸우며 그 몸의 욕구를 억누르거나 부정하려 합니다. 그러나 그것은 결코 지혜로운 방식이 아닙니다.

지혜로워지면 자신의 몸을 존중합니다.
마음을 존중합니다. 영혼을 존중합니다.
이제 삶은 머리가 아닌 가슴에 의해 이끌립니다.
더 이상 스스로의 행복과 사랑을 방해하지 않습니다.

더 이상 죄책감이나 자책을 짊어지지 않습니다.

더 이상 자신을 심판하지 않고 타인도 심판하지 않습니다. 그 순간부터 나를 불행하게 만들던 모든 신념들 즉, 삶을 어렵게 만들고 끊임없이 투쟁하게 하던 신념들이 하나둘 사라집니다. 그 빈자리를 자유와 평화가 채웁니다.

자신이 아닌 것이 되려는 모든 생각을 내려놓으십시오.

진짜 자신의 본성을 있는 그대로 받아들이십시오.

당신이 진정한 자신에게 항복하는 순간, 고통은 사라집니다. 그 항복은 곧 삶에 대한 항복이며 신에게 대한 항복입니다. 항복하는 순간 더 이상 투쟁도, 저항도, 고통도 없습니다.

지혜로운 사람은 언제나 가장 쉬운 길을 택합니다. 그것은 바로 '있는 그대로의 자신'이 되는 것입니다. 고통이란 나 자신의 모든 상황과 모든 것에 저항하는 것에 불과합니다. 저항하면 할수록 고통은 커집니다. 이것은 단순한 진실입니다.

상상해 보십시오. 어느 날 갑자기 오랜 꿈에서 깨어나 완전히 건강해졌다고. 더 이상 상처가 없고 감정의 독도 없습니다. 그때 당신이 느낄 자유는 어떨까요?

그저 살아 있다는 이유만으로 어디에 있든 행복이 스며듭니다. 왜일까요? 건강한 인간은 사랑을 표현하는 것을 두려워하지 않기 때문입니다. 살아 있는 것을 두려워하지 않고 사랑하는 것을 두려워하지 않기 때문입니다.

만약 감정적 몸에서 모든 상처와 독이 사라진다면 삶은 어떻게 달라질까요? 가까운 사람들을 어떻게 대하게 될까요? 말과 표정, 손길과 시선이 어떤 빛을 띠게 될까요?
그 변화의 장면을 마음속에 그려보십시오. 그곳이 바로 당신이 향해야 할 자리입니다.

전 세계의 신비 학교들은 이것을 '깨어남'이라고 부릅니다. 마치 어느 날 아침 눈을 떴는데 감정적 몸에 더 이상 상처가 하나도 없는 것과 같습니다. 그 순간 경계는 사라지고 모든 것을 있는 그대로 보기 시작합니다. 이제 세상을 신념 체계의 필터가 아닌, 날것 그대로의 눈으로 바라봅니다.

그렇게 되면 세상을 곧이곧대로 보지 않게 됩니다. 그러나 그것은 똑똑함을 뽐내기 위함도, 거짓을 믿는 사람들을 조롱하기 위함도 아닙니다. 단지 깨어난 눈으로 보면 꿈이 진실이 아니라는 사실이 너무나도 분명하기 때문입니다.

깨어남은 되돌릴 수 없는 경계입니다. 한 번 눈을 뜨면 다시 예전의 방식으로 세상을 볼 수 없습니다.

당신은 여전히 꿈을 꾸고 있습니다. 꿈꾸는 것은 마음의 본래 기능이기 때문입니다. 하지만 이제 결정적인 차이가 있습니다. 당신은 그것이 꿈이라는 사실을 알고 있습니다.

이것을 안다면 그 꿈을 고통의 장으로 만들 수도 있고 기쁨의 장으로 만들 수도 있습니다. 꿈을 즐길지, 고통 받을지는 전적으로 당신의 선택입니다.

깨어난 사람에게는 언제나 두 길이 열려 있습니다. 그리고 그 선택의 자유가 바로 깨어남의 선물입니다.

깨어남이란, 수천 명이 모여 술에 취해 떠드는 파티에서 오직 당신만이 술에 취하지 않은 상태와 같습니다. 모든 소음과 웃음, 환호 속에서 당신의 의식만이 맑고 선명하게 깨어 있는 것입니다. 이것이 깨어남입니다.

대부분의 인간은 감정적 상처를 통해, 감정의 독을 통해 세상을 봅니다. 그래서 자신이 지옥의 꿈을 살고 있다는 사실조차 알지 못합니다. 마치 물고기가 물속에 살면서도 물의 존재를 의식하지 못하는 것과 같습니다.

우리가 깨어나면 그 술에 취한 파티에서 유일하게 정신이 맑은 사람이 됩니다. 그리고 그때 우리는 연민을 배웁니다. 왜냐하면 우리 역시 그 술에 취해 있었던 적이 있기 때문입니다. 우리는 심지어 지옥에 있는 사람들도 판단할 필요가 없습니다. 왜냐하면 우리 역시 그 지옥 속을 걸어본 경험이 있기 때문입니다.

깨어난 마음은 영혼의 표현이며 사랑의 표현이며 생명의 표현이 됩니다. 깨어남이란 곧 '나는 생명이다'라는 자각의 순간입니다. 자신이 생명이라는 '힘'임을 깨닫는 그 순간 모든 것이 가능해집니다.

기적은 언제든지 일어날 수 있습니다. 왜냐하면 기적은 밖에서 오는 것이 아니라 마음에서 비롯되기 때문입니다.

마음은 인간의 영혼과 직접 연결되어 있습니다. 마음이 진실하게 말할 때, 비록 머리가 저항하더라도 내면의 어떤 부분은 반드시 변합니다.

그리고 그 마음은 또 다른 마음을 열어 줍니다. 그렇게 열리는 순간, 비로소 진정한 사랑이 가능해집니다.

 인도에서 전해 내려오는 오래된 이야기가 있습니다. 아주 먼 옛날, 신 브라흐마는 홀로 존재했습니다. 그 외에는 아무것도 없었고 모든 것이 고요했습니다. 그러나 고요는 곧 지루함이 되었고 브라흐마는 무언가 새로운 놀이를 하고 싶어졌습니다. 하지만 함께 놀 상대가 없었습니다.

그래서 그는 재미를 위해 마야라는 아름다운 여신을 창조했습니다. 마야가 나타나자 브라흐마는 그녀에게 존재의 목적을 알려주었고 마야는 웃으며 말했습니다.

"좋아요, 가장 멋진 게임을 해 봐요. 하지만 당신은 내가 시키는 대로 해야 해요." 브라흐마는 동의했습니다.

마야의 지시에 따라 브라흐마는 온 우주를 창조하기 시작했습니다. 그는 태양과 별, 달과 행성을 만들었고 지상에는 바다와 대기, 산과 강, 숲과 동물, 그리고 모든 생명체를 창조했습니다.

마야는 그 모습을 바라보며 말했습니다. "당신이 만든 이 환상의 세계는 정말 아름다워요. 이제 저는 당신에게 이 창조를 바라보고 감탄할 만큼 지적이고 자각적인 존재를 만들라고 할게요."

그렇게 브라흐마는 인간을 창조했습니다. 창조가 끝나자 그는 마야에게 물었습니다. "이제 언제 게임을 시작하죠?"

"지금 바로 시작해요." 마야가 대답했습니다. 그리고 그녀는 브라흐마를 수천 개의 아주 작고 미세한 조각으로 나누어, 각각의 인간 안에 넣었습니다. 그러고 나서 이렇게 말했습니다.

"이제 게임이 시작됐어요! 나는 당신이 누구인지 잊게 만들 거예요. 그리고 당신은 자신이 누구인지 다시 찾아내야 해요!"

그 순간 마야는 '꿈'을 만들어냈고 그 꿈은 지금까지도 계속되고 있습니다. 오늘날까지 브라흐마는 자신이 누구인지 기억해내려 애쓰고 있습니다. 그리고 브라흐마는 당신 안에도 존재합니다. 마야는 여전히 당신이 자신이 누구인지 기억하지 못하게 방해하고 있습니다.

당신이 꿈에서 깨어나는 순간, 당신은 다시 브라흐마가 되어 자신의 신성을 되찾습니다. 그때 당신 안의 브라흐마가 말합니다.

"좋아, 나는 깨어났어. 그럼 나머지 나는 어떻게 하지?"

바로 그 순간, 당신은 마야의 속임수를 알아챈 것입니다. 그리고 그 진실을 다른 사람들과 나눌 수 있는 힘을 얻게 됩니다.

파티 속에서 맑은 정신을 가진 사람이 둘이 되면 세상은 훨씬 즐거워집니다. 셋이 되면 그 즐거움은 더 커집니다. 변화는 이렇게 시작됩니다. 자신부터 깨어나십시오. 그러면 주변 사람들도 서서히 변하기 시작할 것입니다.

결국, 그 변화는 파티 전체로 번집니다. 마침내 모든 사람이 맑은 정신을 찾게 될 것입니다. 꿈이 깨어난 자들의 손에 의해 다시 쓰이게 될 것입니다. 그때 우리는 깨닫게 됩니다. 이 게임은 처음부터 서로를 깨우기 위한 것이었다는 사실을.

인도에서, 톨텍에서, 기독교와 그리스 철학에 이르기까지 전 세계 여러 문화에서 전해 내려오는 깊은 가르침들은 모두 같은 진리에서 비롯됩니다. 그것은 바로 당신 안에 있는 신성을 되찾고 자신 안에서 신을 발견하라는 부름입니다.

마음을 완전히 열고 지혜로워지는 것. 이것이 모든 가르침의 공통된 메시지입니다. 만약 모든 인간이 자신의 마음을 열고 그 안에서 사랑을 발견한다면 이 세상은 지금과 전혀 다른 빛으로 가득할 것입니다. 상상해 보십시오. 우리는 분명 그렇게 할 수 있습니다. 그리고 그 길은 모두가 자기만의 방식으로 걸어갈 수 있습니다.

이것은 어떤 외부에서 주어진 사상이나 규칙을 따르는 것이 아닙니다. 자기 자신을 발견하고 자기만의 방식으로 그것을 표현하는 것입니다. 그렇기에 당신의 삶은 하나의 예술입니다. '톨텍'이라는 말은 '영혼의 예술가'를 뜻합니다. 톨텍은 마음으로 표현하는 사람들 그리고 무조건적인 사랑을 품은 사람들입니다.

당신이 살아 있는 것은 신의 힘, 곧 생명의 힘 덕분입니다. 당신은 생명이자 힘이며 존재 그 자체입니다. 하지만 생각할 수 있는 '마음'을 가진 탓에 우리는 스스로가 누구인지를 잊어버립니다. 그래서 우리는 쉽게 다른 사람을 가리키며 말합니다.

"저 사람이 신이야. 신이 모든 걸 책임질 거야. 신이 나를 구원해 줄 거야."

그러나 아닙니다. 신은 바깥 어딘가에 있지 않습니다. 신은 단지 당신에게, 바로 당신 안에 있는 신에게 말하러 옵니다. '깨어 있으라, 선택하라, 두려움을 넘어설 용기를 내라'고 말입니다. 그리고 더 이상 사랑을 두려워하지 않게 되라고.

사랑에 대한 두려움은 인간이 가진 가장 큰 두려움 중 하나입니다. 왜냐하면 세상의 꿈속에서 '상처받은 마음'은 곧 '불쌍한 나'를 뜻하기 때문입니다. 혹시 이렇게 생각할 수도 있습니다.

"우리가 정말 생명이자 신이라면 왜 우리는 그걸 알지 못하죠?"

그 이유는 단순합니다. 알지 못하도록 '프로그래밍'되었기 때문입니다. 태어날 때부터 이렇게 배워왔습니다. "너는 인간이고 이런 한계가 있어." 그리고 우리는 그 말이 사실인 양 받아들이며 스스로의 두려움으로 가능성을 가둡니다.

하지만 기억하십시오. 당신은 당신이 믿는 그 모습입니다. 인간은 매우 강력한 마법사입니다. 당신이 자신을 어떤 존재라고 믿는다면 당신은 그 믿는 그대로의 존재가 됩니다. 왜냐하면 당신은 생명이며 신이며, 의지 그 자체이기 때문입니다.

당신은 지금의 자신을 만들어낼 힘을 갖고 있습니다. 그리고 그 힘을 움직이는 것은 이성이 아니라 바로 당신의 믿음입니다.

결국 모든 것은 믿음에 달려 있습니다. 우리가 무엇을 믿는지가 우리의 존재와 삶을 지배합니다. 우리가 만들어 놓은 믿음 체계는 자신을 가두는 작은 상자와 같습니다. 그 상자 밖으로 나올 수 없다고 믿기에 실제로 나오지 못합니다. 이것이 우리의 현실입니다.

인간은 스스로 경계를 만들고 한계를 설정합니다. 그리고 무엇이 가능하고 무엇이 불가능한지를 스스로 규정합니다. 우리가 그것을 믿는 순간 그것은 곧 '진실'이 됩니다.

톨텍의 오래된 예언은 새로운 세상의 시작, 새로운 인류의 도래를 전하고 있습니다. 인간이 스스로의 믿음과 삶에 온전히 책임을 지는 시대가 올 것입니다. 이제는 각자가 자신의 구루가 되는 시대입니다. 다른 누군가가 당신에게 신의 뜻을 해석해 줄 필요가 없습니다. 이제는 오직 당신과 신이 마주하는 시간입니다. 당신은 신을 찾아 헤맸고 결국 자신 안에서 신을 발견하게 됩니다. 신은 더 이상 당신 바깥에 있지 않습니다.

생명의 힘이 당신 안에 있다는 것을 알게 되면 당신은 자신의 신성을 받아들이게 됩니다. 동시에 다른 모든 이들 안에도 같은 신성이 있다는 것을 보고 자연스럽게 겸손해집니다. 그 순간 신을 이해하는 것은 더 이상 어려운 일이 아닙니다. 왜냐하면 모든 것이 신이 드러난 모습이기 때문입니다.

몸은 죽겠지만 당신은 그렇지 않습니다. 마음마저 사라질지라도 당신은 여전히 존재합니다. 당신은 불멸이며 다양한 모습으로 수십억 년을 존재해 왔습니다. 왜냐하면 당신은 생명이기 때문이고 생명은 죽지 않기 때문입니다.

당신은 나무속에도 있고 나비와 물고기, 공기, 달과 태양 속에도 있습니다. 당신이 어디를 가든, 그곳에 이미 당신이 있습니다. 당신은 언제나 스스로를 기다리고 있습니다.

당신의 몸은 신이 깃든 살아 있는 신전입니다. 당신의 마음 또한 신이 깃든 살아 있는 신전입니다. 신은 생명으로서 당신 안에 살고 있습니다. 당신이 살아 있다는 사실 자체가, 신이 당신 안에 있다는 명백한 증거입니다. 물론 그 마음 안에는 쓰레기와 감정의 독이 쌓여 있을 수 있습니다. 그러나 그 안에도 신은 변함없이 존재합니다.

신께 닿기 위해, 깨달음을 얻기 위해, 깨어나기 위해 당신이 '해야 할 일'은 없습니다. 당신을 신에게 데려다줄 수 있다고 말하는 이는 거짓을 말하는 것입니다. 왜냐하면 당신은 이미 거기에 있기 때문입니다. 이 우주에는 단 하나의 살아 있는 존재만이 있고 당신이 그것을 원하든 원하지 않든, 저항하든 하지 않든, 당신은 이미 신과 함께하고 있습니다.

이제 남은 일은 단순합니다. 삶을 즐기고 살아 있으며 감정의 몸을 치유해 당신 안의 사랑을 온전히 세상에 나누는 것입니다. 온 세상이 당신을 사랑한다 해도 그 사랑이 당신을 행복하게 만들지는 못합니다. 당신을 진정 행복하게 하는 것은 당신 안에서 흘러나오는 사랑입니다. 그것이 진짜 차이를 만듭니다.

모든 사람이 당신을 사랑해도 그 사랑은 당신에게 영향을 미치지 않습니다. 당신이 타인을 향해 보내는 사랑 그것이 당신의 몫입니다. 나머지 절반은 나무일 수도, 강아지일 수도, 구름일 수도 있습니다. 당신은 꿈꾸는 자로서의 절반이며 나머지 절반은 꿈 그 자체입니다.

당신은 언제나 사랑할 자유가 있습니다. 만약 당신이 어느 관계를 선택하고 상대도 같은 게임을 하고 있다면 그것은 하나의 선물입니다. 관계가 지옥에서 완전히 벗어나면 서로를 필요로 하지 않아도 함께하기를 기꺼이 선택합니다.

그 안에서 두 사람은 아름다움을 만들어 냅니다. 그리고 그 둘이 만들어 내는 것은 바로 천국의 꿈입니다.

당신은 이미 두려움과 자기 거부를 마스터했습니다. 이제는 자기 사랑으로 돌아가고 있는 중입니다. 당신은 아주 강하고 강력해질 수 있으며 자신의 사랑으로 개인적인 꿈을 두려움에서 사랑으로, 고통에서 행복으로 변화시킬 수 있습니다. 그리고 태양처럼 조건 없이 빛을 비추고 사랑을 나눌 수 있습니다. 아무 조건도 없습니다.

조건 없는 사랑으로 사랑할 때, 인간인 당신과 신인 당신은 생명의 영과 완전한 조화를 이룹니다. 그 순간 당신의 삶은 영의 아름다움을 드러내는 표현이 됩니다. 삶은 하나의 꿈일 뿐이며 당신이 그 꿈을 사랑으로 창조할 때 그 꿈은 하나의 예술 걸작이 됩니다.

10장

Chapter 10

우리는 결국 사랑으로
돌아가는 존재다

In the End,
We Return to Love

우리는 결국 사랑으로 돌아가는 존재다

 아마 한 번도 생각해 본 적이 없을지도 모릅니다. 하지만 우리는 모두, 어떤 방식으로든 '지혜자'입니다. 왜냐하면 우리는 자신의 삶을 창조하고 이끌어갈 수 있는 힘을 지니고 있기 때문입니다. 세상의 모든 사회와 종교가 저마다의 신화를 만들어 내듯, 우리도 우리만의 신화를 살아갑니다.

우리 마음속 신화에는 영웅과 악당, 천사와 악마, 왕과 평범한 사람이 함께 존재합니다. 우리는 마음속에 수많은 인물을 창조하고 스스로에게도 여러 성격과 얼굴을 입힙니다. 그리고 상황에 따라 꺼내 쓸 '자신의 이미지'를 완벽하게 익혀 둡니다.

우리는 연기자이자 예술가입니다. 자신의 이미지를 연기하고 스스로 믿는 바를 완전히 체화해 나갑니다. 또한 누군가를 만나는 순간, 어떤 역할로 맞이할지를 결정합니다. 그리고 그에 대한 이미지를 만들어 냅니다. 우리는 이 방식으로 세상 모든 관계와 경

힘을 구성해 가고 있습니다.

내 안에는 창조할 수 있는 힘이 있습니다. 그 힘은 매우 강력해서 내가 믿는 것은 결국 현실이 됩니다. 이렇게 언제나 스스로를 창조하고 있습니다. 지금 살고 있는 내 모습은, '나는 이런 사람이다'라고 믿는 내가 만들어 낸 결과입니다.

내가 살아가는 이 현실, 곧 세상과 나 자신에 대해 믿고 있는 모든 것은 내가 스스로 창조해 낸 것입니다. 세상의 모든 사람과 마찬가지로 나 역시 강력한 창조의 힘을 지니고 있습니다. 차이가 있다면 단 하나, 그 힘을 어떻게 적용하느냐 그리고 무엇을 창조하느냐입니다.

우리는 다른 사람과 많은 점을 공유할 수 있지만 이 세상 누구도 내가 살아가는 방식 그대로 살지는 않습니다.

우리는 평생 동안 자신이 어떤 존재인지를 연습하며 살아왔습니다. 그리고 그 역할을 너무나 잘해내서 결국 그 모습 자체를 완벽하게 익히게 되었습니다. 자신의 성격과 신념을 완벽하게 체화하고 모든 행동과 반응을 익숙하게 수행합니다. 수년간 연습하고 연습한 끝에 우리는 스스로 믿고 있는 모습 그대로 살아가는 완전한 경지에 도달하게 됩니다.

이제 어떤 형태로든 나 자신이 지혜자임을 깨닫게 되면 자신이 익힌 지혜가 어떤 종류인지도 볼 수 있습니다.

어릴 때 누군가와 문제가 생기면 우리는 화를 냅니다. 그리고 어떤 이유에서든 분노가 문제를 해결해 준다는 경험을 하게 됩니다. 또 한 번 화를 낼 일이 생기면 우리는 다시 같은 방식으로 반응합니다. 그러면서 화를 내면 문제가 사라진다는 사실을 학습합니다. 그렇게 화를 내는 방식을 반복하고 연습하다 보면 분노의 지혜자가 됩니다.

이와 같은 방식으로 질투의 지혜자, 슬픔의 지혜자, 자기 거부의 지혜자가 되어갑니다. 나의 모든 고통과 시련은 내가 오랫동안 반복해 온 연습의 결과입니다.

우리는 스스로와 하나의 약속을 맺고 그 약속을 끝없이 되풀이하며 결국엔 그 고통의 방식조차 '익숙한 경지'에 이릅니다. 생각하는 방식, 느끼는 방식, 행동하는 방식 모두가 습관이 되어 더는 의식적으로 주의를 기울이지 않아도 자동으로 반응하게 됩니다. 그리하여 자각이 사라진 채, 익숙한 감정과 반응을 그대로 반복하는 존재가 되어갑니다.

그러나 사랑의 지혜자가 되기 위해서는 사랑을 연습해야 합니다. 관계 역시 하나의 예술이며 그 예술에 도달하는 유일한 길은 실천입니다. 관계를 익힌다는 건 단지 개념을 이해하거나 지식을 쌓는 것이 아닙니다.

진짜 변화는 행동할 때에만 일어납니다. 물론 행동에도 바탕은 필요합니다. 인간에 대한 이해, 어느 정도의 지식은 실천을 위한 토대가 됩니다.

그러나 결국, 사랑을 익히는 길은 그 사랑을 '실제로 살아보는' 길입니다.

한 번 상상해 보세요. 여러분이 어느 행성에서 살고 있다고 가정해 봅시다. 그곳의 모든 사람들은 심각한 피부병을 앓고 있습니다. 이 병은 수천 년 동안 이어져 온 것으로, 그들의 몸 곳곳에는 수많은 상처가 나 있고 그 상처는 감염되어 있습니다. 누군가가 그 피부를 살짝 스치기만 해도 극심한 고통이 느껴집니다.

그 행성에서는 이런 피부 상태가 '정상'으로 여겨집니다. 의학 서적에도 이 병은 당연한 현상으로 기록되어 있지요. 아이들은 태어날 때 매우 깨끗하고 건강한 피부로 태어나지만 세 살, 네 살 즈음이 되면 첫 번째 상처가 생기고 청소년기가 되면 몸 전체가 이미 상처로 가득 차게 됩니다.

이런 세상에서 사람들은 어떻게 서로를 대할까요?

모두가 상처를 안고 살기 때문에 서로를 조심스럽게 대할 수밖에 없습니다. 피부가 너무 아프기에 그들은 서로를 좀처럼 만지지 않습니다. 실수로라도 누군가의 피부를 건드리면 상대는 즉시 극심한 고통을 느낍니다. 그러면 분노가 일고 상대방의 상처를 다시 건드려 복수하려 합니다.

그럼에도 불구하고 사랑에 대한 갈망은 멈추지 않습니다. 상처투성이인 채로도 사람들은 관계를 원하고 사랑을 향해 나아가려 합니다.

그러던 어느 날 기적이 일어납니다. 아침에 눈을 떴을 때 피부는 완전히 치유되어 있습니다. 상처 하나 없이 말끔하고 누군가가 나를 만져도 더는 아프지 않습니다.

오히려 그 감촉은 매우 기분 좋은 경험이 됩니다. 이제 상처는 없습니다. 하지만 여전히 상처투성이 사람들 사이에서 살아가고 있습니다. 여전히 다른 사람들을 마음껏 만질 수 없습니다. 그들에게는 아직도 고통이 따르기 때문입니다. 그리고 그들 또한 당신을 만지지 않습니다. 왜냐하면 당신 역시 아플 거라고 믿기 때문입니다.

이제 상상해 보세요.

어느 날, 다른 행성에서 온 누군가가 지구를 방문했다고 가정해 봅시다. 그는 비슷한 상황을 마주하게 될 것입니다. 하지만 이번에는 피부가 아니라 우리의 '마음'이 문제입니다. 그가 보게 되는 것은 인간의 마음이 병들어 있다는 사실입니다. 그 병의 이름은 바로 '두려움'입니다.

피부병을 묘사했던 것처럼 우리의 감정적 몸 또한 수많은 상처로 가득 차 있습니다. 그리고 그 상처는 감정적 독소로 감염되어 있습니다. 두려움이라는 병은 분노, 증오, 슬픔, 질투, 위선의 모습으로 나타납니다. 그리고 그 모든 결과는 결국 끊임없는 고통입니다.

사실 이 세상의 모든 인간은 정신적 질병을 앓고 있다고 말할 수 있습니다. 우리가 사는 이곳은, 말하자면 거대한 정신병원과도 같습니다.

하지만 이 병은 너무 오래 지속되어 왔고 심지어 의학 서적, 정신의학 책, 심리학 개론서에서도 이 상태를 '정상'으로 규정해 왔습니다. 그러나 저는 단언할 수 있습니다. 이것은 결코 정상적인 상태가 아닙니다.

두려움이 극에 달하면 인간의 이성은 점점 무너집니다. 상처는 더 깊어지고 내면은 감정적 독소로 가득 차며 더 이상 그것을 감당할 수 없게 됩니다. 심리학은 이런 상태를 '정신 질환'이라고 부릅니다. 우리는 그 병에 조현병, 망상, 정신증 같은 이름을 붙입니다. 하지만 이 병들은 결국, 이성이 극도의 두려움 속에서 무너져 내릴 때 생겨납니다. 고통이 너무 깊어지면 차라리 외부 세계와의 연결을 끊어 버리는 것이 더 낫다고 느껴질지도 모릅니다.

인간은 끊임없이 상처받을까 봐 두려워합니다.

그 두려움은 삶 전체에 그림자를 드리웁니다.

어디를 가든, 고통과 시련을 마주하게 됩니다.

너무 쉽게 분노하고 질투하고 슬퍼하고 두려움에 사로잡힙니다. 때로는 단순히 "사랑해"라는 말조차 두려워집니다.

그럼에도 우리는 관계를 맺습니다. 연애를 하고 결혼을 하고 아이를 낳습니다. 감정적 상처를 감수하면서도 사랑을 원하기 때문입니다.

그러나 이 상처를 보호하기 위해 아주 정교한 방어 체계를 만들어 냅니다. 이것이 바로 '부정의 체계'입니다. 그 체계 안에서 거짓말을 완벽히 연습합니다. 너무 완벽해서 이제는 스스로에게조차 거짓말을 합니다. 그리고 거짓말을 한다는 사실조차 인식하지 못합니다. 설령 인식한다 해도 그 거짓을 정당화하고 그럴 수밖에 없었다고 변명합니다. 그 모든 거짓은 고통으로부터 스스로를 지키기 위한 방어일 뿐입니다.

부정의 체계는 눈앞에 드리워진 짙은 안개와 같습니다. 그 안에서는 진실이 보이지 않습니다. 자신의 진짜 모습을 보는 것도 두려워하고 타인이 나를 있는 그대로 보는 것도 두려워합니다. 그래서 '사회적 가면'을 씁니다. 그러나 그 방어는 단지 타인을 밀어내는 데서 끝나지 않습니다. 그 안에는 진실로부터 도망치려는 자기 자신이 숨어 있습니다.

이 벽은 결국 스스로를 가두는 감옥이 됩니다. 결국 자유를 빼앗긴 채 살아갑니다. 톨텍 전통에서는 이런 인간의 삶을 '지옥의 꿈'이라고 부릅니다. 톨텍의 관점에서 보면 자신에 대해 믿고 있는 것들, 세상에 대해 알고 있다고 생각하는 모든 것 역시 하나의 '꿈(잠든 상태)'입니다.

지옥은 어디에 있을까요?

그곳은 고통과 두려움, 전쟁과 폭력, 끊임없는 심판과 부당함, 끝없이 벌이 존재하는 곳입니다. 그곳에서 인간은 인간을 적으로 여기고 서로를 비난하며 분노와 증오 속에서 살아갑니다. 그러나 이 지옥은 누군가가 만들어놓은 곳이 아닙니다. 스스로 만들어 온 세계입니다.

각자 개인의 꿈(의식, 생각, 개념)을 꾸지만 우리 이전의 인간들은 사회 전체의 꿈(의식, 생각, 개념), 즉 '지구의 꿈'을 만들었습니다. 이 거대한 꿈(의식, 생각, 개념)은 사회 규범과 법, 종교, 문화, 수많은 신념과 규칙들로 이뤄져 있습니다.

톨텍은 이것을 '미토테(Mitote)'라 부릅니다. 이 미토테는 우리의 본질을 가려버립니다. 우리의 본질은 사랑입니다. 삶 그 자체입니다. 하지만 미토테는 우리를 혼란에 빠뜨리고 우리가 누구인지조차 보지 못하게 만듭니다. 만약 이 꿈에서 벗어나 참된 자아를 보게 된다면 세상의 어리석은 모든 행동들이 하나의 코미디처럼 느껴질 것입니다.

⸻

 인간은 태어날 때 감정의 마음과 감정의 몸이 완전히 건강한 상태로 태어납니다. 그러나 세 살, 네 살 무렵이 되면 감정의 몸에 첫 번째 상처가 생깁니다. 그 상처는 곧 감정적 독소로 감염되기 시작합니다.

하지만 이 시기의 아이들을 한 번 떠올려 보십시오. 그들은 언제나 놀이에 빠져 있고 끊임없이 웃으며 살아갑니다. 상상력은 너무나 강력해서 아이들이 꾸는 꿈은 곧 탐험의 모험이 됩니다.

무언가 잘못되었을 때 잠시 반응하고 스스로를 방어하지만 곧바로 잊고 다시 현재로 돌아옵니다. 다시 놀이하고 세상을 탐험하며 즐거움을 찾아 나섭니다.

아이들은 오직 지금 이 순간을 살아갑니다. 과거를 부끄러워하지 않으며 미래를 두려워하지 않습니다. 어린아이들은 자신이 느끼는 감정을 있는 그대로 표현합니다. 사랑하는 것을 두려워하지 않습니다.

우리가 가장 행복한 순간은 아이들처럼 노는 순간입니다. 노래하고 춤추고 탐험하고 창조할 때 우리는 가장 인간답습니다. 아이처럼 행동하는 것, 그것은 단순한 장난이 아닙니다. 그것이야말로 인간 본래의 모습 우리 안에 깃든 자연스러운 본성입니다.

아이들은 순수합니다. 사랑을 표현하는 것도 너무나 자연스럽습니다.

그런데 도대체 무슨 일이 일어난 걸까요?

우리는 왜 지금의 모습이 되었을까요?

이 세상은 왜 이렇게까지 변해 버린 걸까요?

그것은 우리가 아직 어린아이였을 때 이미 이 세상의 모든 어른들이 감정의 병을 앓고 있었기 때문입니다. 그리고 이 병은 매우 쉽게 전염됩니다. 어른들은 이 병을 우리에게 어떻게 옮길까요? 그들은 우리의 '주의'를 끌어당겨 우리도 그들과 똑같이 만들어 갑니다. 이것이 감정의 병을 아이들에게 물려주는 방식입니다.

부모와 교사, 형제자매 그리고 이 병에 감염된 전체 사회는 반복적으로 우리의 주의를 사로잡습니다. 그리고 그 속에 수많은 정보를 주입합니다. 그렇게 우리는 감염됩니다. 이런 방식으로 배웁니다. 이런 방식으로 마음이 프로그래밍됩니다. 문제는 그 마음속에 저장된 '정보', 곧 주입된 프로그램입니다.

어른들은 '주의'를 사로잡아 언어를 가르치고 글을 읽는 법을 가르치고, 행동하는 법, 꿈꾸는 법까지 가르칩니다. 그런데 그 방식은 개나 다른 동물을 길들이는 방식과 크게 다르지 않습니다. 우리는 '보상과 처벌'을 통해 길들여졌습니다. 그것이 교육이라는 이름으로 반복됩니다. 그리고 이 모든 과정을 정상적인 것으로 받아들입니다. 그래서 '처벌받을까 봐' 두려워하고 '보상받지 못할까 봐' 두려워합니다.

엄마, 아빠, 형제자매, 선생님에게 '충분히 좋은 아이'가 되지 못할까 봐 두려워지기 시작합니다. 그 전까지는 누군가 나를 받아들이는지 아닌지 신경 쓰지 않았습니다.

사람들의 의견은 중요하지 않았고 그저 놀고 싶었으며 지금 이 순간을 살고 있었을 뿐입니다. 그러나 '보상을 받지 못할까 봐' 생겨난 두려움은 점차 '거절당할까 봐'의 두려움으로 바뀌고 마침내 이렇게 말합니다.

"나는 다른 사람들에게 충분히 괜찮은 사람이 아닐지도 몰라."

우리는 스스로를 바꾸려 합니다. 자신만의 이미지를 만들어내고 그것을 세상에 보여주려 애씁니다. 사랑받기 위해, 보상을 받기 위해, 인정받기 위해 그 이미지에 자신을 맞추며 살아가기 시작합니다.

그렇게 진짜 자신이 아닌 모습을 연습하고 또 연습합니다. 마침내 그 방식에 익숙해지고 결국 진짜 자신이 누구였는지를 잊어버립니다. 더 이상 '자기 자신'을 살지 않습니다. 대신 만들어 낸 이미지를 살아갑니다.

그리고 그 이미지는 하나가 아닙니다. 집에서의 이미지, 학교에서의 이미지, 사회 속의 이미지. 점점 더 많은 역할과 가면을 만들어 냅니다. 이런 현상은 남녀 간의 단순한 관계에서도 마찬가지입니다. 여자는 겉으로 보이고 싶은 모습이 있지만 혼자일 때는 전혀 다를 수 있습니다. 남자도 마찬가지입니다.

어른이 된 두 사람이 관계를 맺을 때 겉모습의 이미지와 내면의 진짜 자아는 일치하지 않습니다. 이럴 때 두 사람은 진정으로 서로를 알 수 있을까요? 아니요, 그럴 수 없습니다.

그들은 서로를 이해하려 하지만 사실은 서로의 이미지를 이해하려 애쓸 뿐입니다. 남자는 자신의 시각으로 여자의 이미지를 만들고 여자는 자신의 시각으로 남자의 이미지를 만듭니다. 남자는 여자가 자신의 이미지에 맞춰주기를 바라고 여자 역시 남자가 자신의 이미지에 맞춰주기를 원합니다. 이제 그들 사이에는 여섯 개의 이미지가 존재하게 됩니다. 그렇다면 이 관계는 무엇을 기반으로 하고 있을까요? 두려움과 거짓입니다.

그들은 자신이 거짓을 말하고 있다는 사실조차 모른 채 서로에게 거짓을 말합니다. 왜냐하면 그들 사이에는 진실을 가리는 짙은 안개가 있기 때문입니다. 어린아이였을 때는 이러한 이미지 간의 충돌이 없었습니다. 하지만 세상과 관계를 맺기 시작하고 부모의 보호를 벗어나며 사회에 들어설 즈음, 마주하게 됩니다. '내가 보여주려 했던 모습'이 진짜가 아니라는 사실을 세상이 증명해 주는 순간입니다.

그래서 청소년기는 힘겹습니다. 살아가는 세상은 거짓된 이미지들로 가득한 꿈(의식, 생각, 개념)입니다. 그런데도 이 꿈이 현실이라고 믿습니다. 그래서 이 꿈을 너무도 진지하게 받아들입니다.

Love, But Do Not Lose Yourself

11장

Chapter 11

나를 잃어버린
　　　　　순간들

The Moments
I Lost Myself

Love, But Do Not Lose Yourself

나를 잃어버린 순간들

 인간은 본래 매우 민감한 존재입니다. 모든 것을 감정의 몸을 통해 인식하기 때문에 근본적으로 감정적인 존재입니다. 감정의 몸은 특정 감정에 민감하게 반응하도록 되어 있습니다. 태어날 때 인간의 감정 주파수는 삶을 탐험하고 즐기며 사랑하는 데 맞춰져 있습니다. 어린 시절 우리는 사랑을 개념으로 이해하지 않습니다. 그저 사랑으로 살았습니다. 그것이 곧 우리의 본래 모습이니까요.

감정의 몸에는 하나의 경고 시스템이 있습니다. 몸에 통증이 문제가 있음을 알려주는 신호라면 감정의 몸이 보내는 신호는 두려움입니다. 두려움을 느낄 때 그것은 무언가 잘못되고 있다는 뜻입니다. 때로는 그것이 생존과 직결된 위협일 수도 있습니다.

감정의 몸은 눈으로 감정을 인식하지 않습니다. 감정은 오직 감정의 몸을 통해 느낍니다.

어린아이들은 감정을 그대로 느낄 뿐, 이성적으로 해석하거나 질문하지 않습니다. 그래서 어떤 사람은 받아들이고 어떤 사람은 본능적으로 거부합니다. 불안한 에너지를 가진 사람을 만나면 아이는 그 감정을 감지하고 멀어집니다. 상대가 화가 났을 때도 아이는 즉각 두려움을 느끼고 '멀리 떨어지라'는 신호를 본능적으로 따릅니다.

사람은 가정 안의 감정 에너지 속에서 그리고 그 에너지에 대한 각자의 반응을 통해 감정적으로 살아가는 방식을 배웁니다. 그래서 같은 환경에서 자라도 형제자매마다 서로 다른 방식으로 반응합니다. 자신을 방어하고 환경에 적응하는 방식이 각자 다르기 때문입니다.

만약 부모가 늘 다투고 불화와 무례, 거짓말이 가득한 분위기 속에서 자란다면 부모의 말보다 감정 에너지에 더 큰 영향을 받습니다. '그렇게 하지 말라'는 말보다 온 가족이 공유하는 감정 에너지가 세상을 인식하는 방식에 더 깊이 각인됩니다.

가정에서 발생하는 감정 에너지는 감정의 몸을 그 주파수에 맞춰 조정합니다. 감정의 몸은 점차 원래의 주파수를 잃고 정상적인 인간의 주파수에 맞추지 못하게 됩니다.

그렇게 어른들의 게임에 참여하게 됩니다. 외부 세계의 꿈(의식, 생각, 개념)에 휘말리며 결국 그 게임에서 지게 됩니다. 그 과정에서 순수함을 잃고 자유를 잃고 행복을 잃고 사랑을 향한 본성을 잃어버립니다. 강제된 변화 속에서 불공정함과 감정적 고통, 감정의 독소가 가득한 현실을 처음으로 경험하게 됩니다.

이 지옥은 우리가 개인적으로 창조한 것이 아닙니다. 태어나기 전부터 존재하던 인간이 만든 지옥입니다.

어린아이들을 보면 사랑과 자유가 어떻게 파괴되는지 알 수 있습니다. 이를테면 두세 살 아이가 공원에서 신나게 뛰어노는 모습을 떠올려 보십시오. 엄마는 아이가 다칠까 봐 걱정하며 지켜보고 있습니다. 어느 순간 아이가 도로 가까이로 달려가자 엄마는 당황해서 아이를 멈추려 합니다. 아이에게는 이것이 그저 놀이라고 느껴지기 때문에 오히려 더 빠르게 도망칩니다. 엄마는 결국 아이를 붙잡아 때립니다.

아이에게는 충격입니다. 그가 느낀 행복은 사랑의 표현이었습니다. 하지만 엄마의 행동은 아이가 이해할 수 없는 방식으로 그것을 부정합니다. 아이는 아직 언어를 완전히 이해하지 못하지만 마음속에서는 "왜?"라고 묻습니다.

뛰고 노는 것은 아이에게 사랑의 표현이었습니다. 하지만 이제 그것은 '안전하지 않은 것'이 되었습니다. 왜냐하면 부모는 사랑을 표현할 때 처벌을 하기 때문입니다.

아이를 방에 가두고 원하는 것을 하지 못하게 하며 "너는 나쁜 아이야"라고 말하며 벌을 줍니다. 보상과 처벌의 시스템 속에서 정의와 불의에 대한 감각이 형성됩니다. 이때 생긴 '불의의 감각'은 마음속 상처를 여는 날카로운 칼과도 같습니다. 그리고 우리가 그 불의에 어떻게 반응하느냐에 따라 그 상처는 감정의 독소로 감염되기도 합니다. 그렇다면 왜 어떤 상처는 감염되고 어떤 상처는 그렇지 않을까요?

또 다른 예를 들어 보겠습니다.

두세 살 된 아이가 행복하게 놀고 있습니다. 무엇이 옳고 그른지, 해야 할 일과 하지 말아야 할 일을 아직 알지 못합니다. 왜냐하면 그는 아직 길들여지지 않았기 때문입니다. 거실에서 아이는 주위를 탐색하며 눈에 보이는 것들로 놉니다. 그중에는 아버지의 기타도 있습니다. 아이에게 기타는 그저 하나의 장난감입니다. 그는 어떤 악의도 없고 무엇도 해치려 하지 않습니다.

하지만 아버지는 그날 기분이 좋지 않습니다. 사업 문제로 스트레스를 받고 있던 그는 거실에 들어와 아이가 자신의 기타를 만지는 모습을 봅니다. 그 순간 그는 분노를 터뜨리고 아이를 거칠게 때립니다.

이것은 아이에게 '불의'였습니다. 아버지는 화를 내며 아이를 때렸고 아이의 마음은 깊이 상처를 입었습니다.

그는 아버지를 전적으로 신뢰하고 있었습니다. 아버지는 자신을 보호해 주고 놀 수 있도록 허락하며 자신을 표현할 수 있게 해 주던 존재였습니다. 하지만 지금 모든 것이 뒤바뀌었습니다.

이제 아이는 알 수 없는 아픔을 느낍니다. 이 감각은 단순한 신체적 고통이 아닙니다. 아이를 울게 만든 건 맞은 행위가 아니라 '이유 없는 감정적 공격'이었습니다.

아이에게는 잘못이 없었습니다. 그렇기에 이 경험은 더욱 불공평하게 느껴졌습니다. 그 불의의 감각이 마음속에 깊은 아픔으로 남고 감정의 몸에 첫 상처를 남깁니다. 이 순간 아이는 순수함의 일부를 잃습니다.

이 상처는 심리적 고통이 되어 시간이 흐를수록 점점 깊어지고 자신감과 신뢰에도 영향을 미치기 시작합니다.

*

 인간은 두려움을 이용해 다른 인간을 길들이며 그 두려움은 불공정함을 겪을 때마다 더욱 커집니다. 불공정함의 감각은 감정의 몸에 상처를 내는 칼과 같고 그 상처는 감정적 독소에 감염되어 더 깊어집니다.

어떤 상처는 자연스럽게 치유되지만 어떤 상처는 독소가 반복적으로 쌓이며 악화됩니다. 감정의 몸이 독소로 가득 차면 그것을 배출하려는 강한 충동을 느끼게 되고 그 독소를 다른 사람에게

'전달'하는 법을 배우기 시작합니다. 가장 흔한 방법은 상대의 주의를 끄는 것입니다. 주의가 집중되는 순간 그 틈으로 감정을 쏟아냅니다. 이를 보여주는 평범한 예가 있습니다.

아내는 어떤 이유로 깊은 분노를 느끼고 있습니다. 남편에게 받은 불공정한 대우를 떠올리며 감정의 독소는 점점 증폭됩니다. 남편이 집에 돌아오자, 아내가 가장 먼저 하고 싶은 일은 그의 '주의'를 끄는 것입니다. 왜냐하면 주의가 집중되는 순간, 그녀는 속에 쌓인 독소를 그에게 흘려보낼 수 있기 때문입니다. 그녀는 그가 얼마나 나쁘고 얼마나 어리석으며 얼마나 불공평했는지를 쏟아냅니다.

그 순간, 그녀의 독소는 남편에게 전달됩니다. 그리고 그녀는 잠시나마 안도감을 느낍니다. 그녀는 계속 말을 이어가며 남편의 주의를 끌어냅니다. 결국 남편은 화를 내고 그녀는 그 반응으로 인해 잠시 기분이 나아집니다.

하지만 이제 독소는 남편에게로 옮겨졌고 남편은 보복하고 싶은 충동을 느낍니다. 그 역시 아내의 주의를 끌고 자신의 독소를 배출하려 합니다. 그 독소는 이제 아내의 것과 남편 자신의 것이 섞인 혼합물이 되어버렸습니다.

이처럼 두 사람은 서로의 상처를 건드리며 감정의 독소를 주고받는 핑퐁 게임을 계속합니다. 독소는 점점 증폭되고 결국 어느 순간 한쪽이 폭발하게 됩니다.

이것이 많은 인간관계의 전형적인 방식입니다. 주의를 끌기만 하면 에너지는 한 사람에게서 다른 사람으로 전달됩니다. 주의력 끌기는 인간의 마음에서 매우 강력한 힘입니다. 세상의 모든 사람은 끊임없이 타인의 주의를 끌기 위해 애씁니다.

누군가의 주의를 포획하면 소통의 채널을 열게 됩니다. 그 채널을 통해 꿈(의식, 생각, 개념)이 전달되고 감정적 독소와 힘도 함께 이동합니다. 보통은 이 불공정한 상황에 책임이 있다고 느끼는 사람에게 독소를 배출합니다.

하지만 그 사람이 너무 강하거나 감히 맞설 수 없는 존재라면 더 약한 대상에게 그 독소를 보냅니다.

방어할 수 없는 존재들에게 독소를 전가하는 것. 이것이 바로 폭력적인 관계가 형성되는 방식입니다. 강한 사람은 덜 강한 사람에게 독소를 넘깁니다. 왜냐하면 그것을 '배출해야 할' 필요가 있기 때문입니다. 이때 정의를 원하지 않습니다. 원하는 것은 단지 독소를 내보내고 잠시의 평화를 얻는 일입니다.

이것이 바로 인간이 끊임없이 '힘'을 추구하는 이유입니다. 더 강력해질수록 방어할 수 없는 존재들에게 감정적 독소를 더 쉽게 배출할 수 있기 때문입니다.

우리는 지금 이 지구에 만연한 정신적 질병에 대해 말하는 것입니다. 이 질병에 책임자는 사람은 없습니다. 이 병은 누가 옳고 그르다는 문제도, 선악의 문제가 아니기 때문입니다. 그저 인간 사회에서 '정상적으로 굳어진 병리'일 뿐입니다.

누구도 폭력적인 사람이 되려고 태어난 것은 아닙니다. 그저 상처를 통해 배운 방식대로 살아갈 뿐입니다. 마치 상상 속 피부병을 앓는 사람들이 그 병에 대해 죄책감을 느끼지 않는 것처럼 우리 역시 감정적 독소에 감염되었다는 이유로 자신을 비난할 필요는 없습니다.

우리는 신체에 상처가 생기거나 병에 걸렸을 때 자신을 탓하지 않습니다. 그렇다면 감정의 몸이 아플 때도 마찬가지로 자신을 비난할 이유는 없습니다. 중요한 것은 단 하나입니다.

'우리는 이 문제를 안고 있다는 사실을 인식하는 것.'
그 인식이 있어야 비로소 감정의 몸과 감정의 마음을 치유할 수 있고 고통을 멈출 수 있는 기회가 생깁니다.

그 인식이 없다면 우리는 아무것도 할 수 없습니다. 그저 타인과의 관계 속에서 끊임없이 고통을 반복할 뿐입니다. 하지만 이 고통은 단지 다른 사람과의 상호작용에서만 발생하지 않습니다.
사람은 스스로와의 관계 안에서도 고통을 겪습니다. 왜냐하면 때때로 자신의 상처를 스스로 건드리며 자기 자신을 처벌하려 들기 때문입니다.

⁕

우리는 마음속에 늘 판단하는 '판사'를 만들어 냅니다. 그 판사는 내가 하는 모든 일, 하지 않는 모든 일, 느끼는 모든 감정과 느끼지 않는 감정까지도 판단합니다. 끊임없이 자신을 판단하고 다른 사람들 또한 늘 판단합니다.

그 기준은 내가 믿고 있는 가치, 정의, 불공정함에 대한 감각에서 비롯됩니다. 그리고 스스로를 죄인으로 여기며 처벌받아야 한다고 믿습니다. 그 판단을 받는 또 다른 마음의 부분은 '피해자'입니다. 그는 한쪽 부분은 말합니다.

"불쌍한 나. 나는 충분히 좋지 않아. 나는 충분히 강하지 않아. 나는 충분히 똑똑하지도 않아. 이런 내가 왜 애써야 하지?"

어린 시절 우리는 무엇을 믿고 무엇을 믿지 않을지, 선택할 수 없었습니다. 판사와 피해자는 우리가 선택하지 않은 잘못된 믿음 위에 형성됩니다. 그 정보들이 마음에 들어왔을 때 우리는 순수했습니다. 모든 것을 믿었고 신념 체계는 외부의 꿈(의식, 생각, 자기견해)에 의해 이 정신 프로그램처럼 우리 안에 심어졌습니다.

톨텍은 이 정신 프로그램을 '기생충'이라 부릅니다. 인간의 마음은 이 기생충에 병들어 있습니다. 그것은 우리의 생명 에너지를 훔치고 기쁨을 앗아가며 우리를 고통스럽게 만드는 모든 믿음들입니다.

이 믿음들은 너무 강해서 세월이 흐르고 새로운 개념을 배워도 여전히 우리의 삶을 지배합니다.

때때로 내면에서 작은 아이, 진정한 나 자신이 나와서 즐거운 시간을 보내기도 하지만 상황을 자꾸 되돌리려 합니다. 그렇게 내면의 목소리가 속삭입니다.

'이렇게 맘 편하게 행복해도 될 이유가 없다.'
지금의 행복감이 너무 좋아 보여서 이 감정을 계속해도 좋을 리 없다고 말합니다. 그렇게 죄책감, 비난, 감정적 독소가 감정의 몸에 쌓이면서 다시 드라마의 세계로 끌려갑니다.

기생충은 질병처럼 퍼집니다. 조부모에서 부모로, 부모에서 우리에게 그리고 우리는 그것을 자녀에게 물려줍니다. 그 방식은 마치 개를 훈련시키듯 반복됩니다.

인간은 길들여진 동물입니다. 이 길들임은 지옥의 꿈으로 이끌고 우리는 두려움 속에서 살아갑니다. 기생충의 먹이는 두려움에서 비롯된 감정들입니다.

기생충이 없던 시절, 우리는 인생을 즐기고 놀며 아이처럼 행복했습니다. 그러나 마음속에 쓰레기가 쌓이기 시작하면서 우리는 더 이상 행복하지 않습니다. 대신 자신은 옳다고 믿고 모든 사람을 틀렸다고 여기기 시작합니다.

'옳음'은 우리가 외부에 투영하고 싶은 이미지를 지키기 위한 방어입니다. 그래서 다른 사람에게뿐 아니라 자기 자신에게도 사고방식을 강요하게 됩니다.

인식이 있다면 왜 인간관계가 잘 되지 않는지를 쉽게 이해할 수 있습니다. 부모와, 자녀와, 친구와, 배우자와, 심지어 자기 자신과도 관계가 잘 풀리지 않는 이유는 무엇일까요? 그것은 우리가 상처를 받고 그 안에 감정적 독소를 감당할 수 없을 만큼 쌓아두었기 때문입니다.

자라면서 스스로 만들어낸 '완벽한 이미지'를 따르려 했습니다. 그러나 그 이미지는 실제로 존재하지 않으며 불공평합니다. 우리는 다른 사람을 기쁘게 하기 위해 완벽한 모습을 연출하는 법을 배웁니다.

하지만 그들은 자기만의 꿈(의식, 생각, 자기견해)을 꾸고 있으며 그 꿈(의식, 생각, 자기견해)은 우리와 아무 관련이 없습니다. 우리는 엄마를, 아빠를, 선생님을, 종교를, 심지어 신을 기쁘게 하려 합니다. 그러나 그들의 눈에 나는 결코 완벽할 수 없습니다.

그 완벽한 이미지는 '좋은 사람'으로 인정받기 위해, 그리고 자기 자신을 받아들이기 위해, 어떻게 해야 하는지를 끊임없이 강요합니다. 그 기준은 과연 누구의 것일까요?

이것이 바로 스스로에 대해 믿고 있는 가장 큰 거짓말입니다. 나는 절대로 완벽할 수 없습니다. 그러나 완벽하지 않다는 이유로 자신을 용서하지 못합니다.

완벽한 이미지는 우리가 꿈(의식, 생각, 개념)꾸는 방식을 바꿔 놓습니다. 자기 자신을 부정하고 거부하는 법을 배웁니다. 결코 충분히 좋지 않거나 옳지 않거나 깨끗하지 않거나 건강하지 않다고 느낍니다. 내가 가진 믿음에 따라 개념적 자신인 그 판사는 결코 나를 받아들이지도 용서하지도 않습니다.

그것이 바로 자신의 인간성을 거부하는 이유입니다.

그것이 바로 행복할 자격이 없다고 느끼는 이유입니다.

그것이 바로 자신을 괴롭힐 사람을 찾아 헤매는 이유입니다. 그 완벽한 이미지 때문에 자기 학대의 수준을 점점 더 높여 갑니다.

자기 자신을 거부하고 판단하며 죄인으로 간주하고 그렇게 스스로를 계속 처벌할 때 세상은 마치 사랑이 없는 곳처럼 보입니다. 세상은 오직 처벌과 고통, 판단만이 존재하는 곳처럼 느껴집니다.

지옥에도 여러 단계가 있습니다. 어떤 사람은 아주 깊은 지옥 속에 있고 어떤 사람은 지옥의 가장자리쯤에 있지만, 결국 모두 지옥 안에 있는 셈입니다. 지옥 안에는 극도로 폭력적인 관계도 있고 겉보기에 평온하지만 폭력이 깃든 관계도 있습니다.

우리는 더 이상 어린아이가 아닙니다. 그런데 만약 지금도 폭력적인 관계에 머물고 있다면 그것은 스스로 그 폭력을 받아들였기 때문입니다. 자신이 그 폭력을 받을 자격이 있다고 믿고 있기 때문입니다. 자기 자신이 받아들일 수 있는 폭력의 한계는 타인이 자신에게 허용하는 폭력의 한계가 됩니다.

만약 누군가가 그 한계를 넘는 폭력을 가한다면 우리는 떠납니다. 하지만 그보다 조금 덜한 폭력이라면 아마도 더 오래 머무를지도 모릅니다. 아직도 그 정도 폭력쯤은 받아도 괜찮다고 믿고 있기 때문입니다.

그러나 보통 지옥의 관계는 불공정함에 대한 보상으로 유지됩니다. 그것은 일종의 보복입니다. '나는 네가 받아야 할 방식으로 너를 학대하고 너는 내가 받아야 할 방식으로 나를 학대한다.'는 것입니다.

우리는 그 균형을 맞추며 살아갑니다. 그리고 그런 방식은 실제로 잘 작동합니다. 왜냐하면 에너지는 비슷한 에너지를 끌어들이고 같은 진동은 같은 진동을 불러오기 때문입니다.

어떤 사람이 당신에게 와서 "나는 너무 학대받고 있어."라고 말한다면 당신이 "그런데 왜 거기 있어?"라고 물을 수 있습니다. 그러면 그는 이유를 답하지 못합니다. 그가 그 폭력을 필요로 하기 때문입니다. 그 폭력은 그가 자기 자신을 처벌하는 방식이기 때문입니다.

인생은 당신이 필요로 하는 것을 정확히 가져다줍니다. 지옥 안에도 나름의 완벽한 정의가 존재합니다. 비난할 일은 없습니다. 심지어 우리의 고통조차 필요로 한 것을 가져다 준 거라고 말할 수 있습니다.

눈을 뜨고 주위를 보십시오. 지금 당신 곁에 있는 모든 일과 모든 것이 당신 안의 독소를 정화하고 상처를 치유하며 자기 자신을 받아들이고 지옥에서 벗어날 수 있도록 돕고 있습니다.

이 이야기에서 보물을 발견하셨나요?

 옛날 어느 날, 한 지혜자가 사람들 앞에서 이야기를 들려주었습니다. 그의 말은 너무나 아름다워서 듣는 이들 모두가 사랑의 메시지에 깊이 감동했습니다.

그중 한 남자가 있었습니다. 그는 따뜻하고 겸손한 사람이었고 지혜자의 말을 한마디도 놓치지 않았습니다. 그는 깊은 감동을 받았고 지혜자를 자신의 집으로 초대하고 싶다는 강한 마음이 들었습니다.

연설이 끝나자 그는 군중을 헤치고 앞으로 나아갔습니다. 그리고 지혜자의 눈을 바라보며 정중히 말했습니다.

"당신이 바쁘다는 것을 압니다.
모두가 당신의 관심을 원하겠지요. 그래서 제 말에 귀 기울이실 시간도 없으실 겁니다. 하지만 제 마음은 당신께 활짝 열려 있습니다. 저는 당신을 향한 사랑으로, 제 집에서 최고의 식사를 대접하고 싶습니다.

당신께서 오시리라 기대하진 않지만 그래도 꼭 전하고 싶었습니다."

지혜자는 조용히 그의 눈을 바라보며 가장 아름다운 미소로 말했습니다.

"모든 것을 준비하세요. 제가 가겠습니다."

지혜자가 자리를 떠나자, 남자의 가슴은 기쁨으로 벅차올랐습니다. 지혜자에게 사랑을 표현할 순간이 머지않았습니다. 그의 인생에서 가장 중요한 날이 될 것이 분명했습니다. 드디어 지혜자가 그의 집에 오는 날이었습니다.

남자는 시장으로 가 가장 좋은 음식과 와인을 샀고 지혜자에게 드릴 가장 아름다운 옷도 준비했습니다. 그리고 집으로 달려와 정성껏 손님을 맞을 준비를 했습니다.

집 안을 깨끗이 정리하고 최고의 음식을 만들고 식탁을 아름답게

꾸몄습니다. 지혜자가 곧 도착할 것이라는 생각에 그의 마음은 설렘으로 가득 찼습니다.

기다림이 길어지던 그때, 문을 두드리는 소리가 들렸습니다. 남자는 가슴이 벅차 문을 열었습니다.
하지만 문 앞에 서 있던 이는 지혜자가 아닌, 한 노인이었습니다. 노인은 조용히 그의 눈을 바라보며 말했습니다.

"너무 배가 고픕니다. 빵 한 조각만 주실 수 있을까요?"

남자는 잠시 실망했지만 노인의 얼굴을 바라보며 부드럽게 말했습니다.
"부디 안으로 들어오세요."

남자는 노인을 지혜자를 위해 준비한 자리에 앉혔습니다. 정성껏 마련한 음식을 내어주었지만 마음속에는 노인이 식사를 빨리 마치기만을 바라는 조급함이 있었습니다. 노인은 그의 너그러움에 감동하며 고맙다는 인사를 남기고 떠났습니다.

남자가 다시 지혜자를 위해 식탁을 정리하던 중, 또다시 문을 두드리는 소리가 들려왔습니다. 이번엔 낯선 이가 문 앞에 서 있었습니다. 사막을 건너온 듯한 피곤한 얼굴이었습니다. 그는 말했습니다.

"목이 너무 마릅니다. 물을 한 잔 주실 수 있을까요?"

남자는 또 한 번 실망했지만 그를 집 안으로 초대했습니다. 그리고 지혜자를 위해 준비해 둔 와인을 내어주었습니다. 낯선 이가 떠난 뒤, 남자는 다시 지혜자를 맞이할 준비를 시작했습니다.

얼마 지나지 않아, 다시 문 두드리는 소리가 들렸습니다. 문 앞에는 어린아이가 서 있었습니다. 아이는 남자를 올려다보며 말했습니다.

"너무 추워요. 몸을 덮을 담요가 있을까요?"

남자는 또다시 지혜자가 아님을 확인하고 잠시 아쉬움을 느꼈습니다. 그러나 아이의 눈을 바라보는 순간, 마음속에 따뜻한 사랑이 차올랐습니다. 그는 지혜자에게 주려고 준비해 두었던 옷을 꺼내 아이를 감싸주었습니다. 아이는 고맙다는 인사를 남기고 조용히 떠났습니다.

남자는 다시 식탁을 정리하고 마음을 가다듬은 뒤 지혜자를 기다렸습니다.
하지만 밤이 깊어질 때까지 지혜자는 오지 않았습니다. 실망감이 스쳤지만 그는 곧 마음을 내려놓았습니다.

'처음부터 지혜자가 이런 초라한 집에 오시리라 기대해선 안 되었지. 분명 더 중요한 일이 생기셨을 거야. 오시진 않았지만 나에게 오겠다고 말씀해 주셨고… 그 말 한마디면 충분하다. 내 마음은 그걸로도 행복하다.'

그는 음식을 치우고 와인을 정리한 뒤 조용히 잠자리에 들었습니다. 그날 밤, 그는 꿈을 꾸었습니다. 꿈속에서 지혜자가 그의 집에 찾아왔습니다. 남자는 기쁨에 차서 말했습니다.

"지혜자님, 오셨군요! 약속을 지켜 주셨습니다."
지혜자가 대답했습니다.
"그래, 나는 여기 있다. 하지만 나는 이미 먼저 왔었다. 내가 배고

팠을 때, 너는 내게 음식을 주었다. 내가 목이 말랐을 때 너는 내게 와인을 주었다. 내가 추웠을 때 너는 내게 옷을 입혀 주었다. 네가 다른 이들에게 한 모든 것은 곧 나에게 한 것이다."

남자는 잠에서 깨어났습니다. 그리고 그의 마음은 깊은 깨달음으로 가득 찼습니다. 지혜자는 그를 너무나 사랑했기에 세 사람을 보내 그에게 가장 중요한 가르침을 주었습니다.

지혜자는 우리 모두의 안에 존재합니다.

배고픈 사람에게 음식을 주고,

목마른 사람에게 물을 주고,

추운 사람을 감싸 줄 때,

우리는 지혜자에게 사랑을 주는 것입니다.

이 작은 큰 기쁨

잠시 눈을 감고 마음을 엽니다.
그리고 가슴에서 흘러나오는 사랑을 온전히 느껴보세요. 지금 저는 특별한 기도에 당신이 함께하기를 바랍니다.

당신의 주의를 폐에 집중해 보세요.
마치 당신의 폐만이 이 순간의 주인공인 것처럼요.
숨을 들이쉴 때, 폐가 부풀어 오르는 그 감각을 온전히 느껴보세요. 인간의 몸이 가장 절실히 필요로 하는 것,
바로 숨이 들어올 때, 폐가 감사로 가득 차는 기쁨을 느껴보세요.

숨을 깊이 들이마시고 그 공기가 폐를 가득 채우는 느낌을 느껴보세요. 그 공기가 사랑으로 이뤄져 있음을 느껴보십시오. 공기와 폐 사이의 연결은 곧 사랑의 연결입니다. 그리고 몸이 그 공기를 내보내야 할 때가 되면 천천히, 부드럽게 내쉬세요. 다시 들이마시고 또 그 기쁨을 느끼세요.

우리의 몸이 어떤 필요를 충족할 때 우리는 기쁨을 느낍니다. 숨 쉬는 것만으로도 우리는 기쁨을 느낄 수 있습니다. 살아 있다는 것만으로도 우리는 행복할 수 있습니다. 그저 살아 있음이 충분합니다. 살아 있다는 기쁨 그리고 사랑의 감촉에서 오는 그 깊은 기쁨을 온몸으로 느껴보십시오.

자각을 위한 기도

 오늘, 우주의 창조주여, 우리의 마음과 눈을 열어 주소서. 모든 창조물을 기쁨으로 누리며 당신과 함께 영원한 사랑 속에 살게 하소서.

우리가 눈으로, 귀로, 마음으로, 모든 감각으로 세상을 바라볼 때마다 당신을 보게 하소서. 사랑의 눈으로 세상을 인식하게 하소서.

그래서 우리가 어디를 가든, 누구를 만나든, 무엇을 보든, 그 안에서 당신을 만나게 하소서.

우리의 몸을 이루는 모든 세포 안에서, 우리의 마음에 스치는 모든 감정 안에서, 우리가 꾸는 모든 꿈속에서, 피어나는 꽃 한 송이 안에서, 우리가 스치는 모든 사람 안에서 당신을 보게 하소서.

당신은 어디에나 계시며, 우리는 당신과 하나입니다. 이 진실을 깊이 자각하게 하소서.

우리가 천국의 꿈을 창조할 수 있는 힘이 있음을 깨닫게 하소서. 모든 것이 가능한 그 꿈을 만들기 위해 우리의 상상력을 두려움 없이, 분노 없이, 질투 없이, 시기 없이 쓰게 하소서.

우리가 따라갈 수 있는 빛을 주시고, 오늘이 사랑과 행복을 찾아 헤매던 여정이 끝나는 날이 되게 하소서. 오늘, 우리의 삶을 영원히 바꿀 특별한 일이 일어나게 하소서.

우리가 하는 모든 말과 행동이 언제나 마음속 아름다움의 표현이 되게 하시고, 그 근원이 언제나 사랑이게 하소서. 당신이 그러하듯 우리도 그렇게 존재하게 하소서.

당신이 사랑하듯 우리도 사랑하게 하시고, 당신이 나누듯 우리도 나누게 하시며, 당신의 모든 창조물처럼 아름다움과 사랑으로 가득한 걸작을 우리도 창조하게 하소서.

오늘부터, 그리고 시간이 흐르며, 우리 안의 사랑의 힘이 점점 더 커지게 하소서. 그래서 우리의 삶이라는 걸작을 완성하게 하소서.
오늘, 창조주시여, 생명을 주신 당신께 우리의 모든 감사와 사랑을 드립니다. 아멘.

자기 사랑을 위한 기도

 오늘, 우리가 있는 그대로의 자신을 판단 없이 받아들이게 하소서. 우리의 감정, 희망과 꿈, 성격, 고유한 존재 방식을 포함한 마음을 있는 그대로 품게 하시고, 우리의 몸을 그 아름다움과 완전함 그대로 사랑하게 하소서.

우리가 자신을 향한 사랑이 너무나 강해져서 다시는 스스로를 거부하거나, 우리 자신의 행복과 자유, 사랑을 방해하지 않게 하소서.
지금 이 순간부터 우리의 모든 행동과 반응, 생각과 감정이 사랑에 기초하게 하소서.

우리 삶의 모든 꿈이 두려움과 드라마에서 사랑과 기쁨으로 변모하도록, 우리 안의 자기 사랑을 키워주소서.

우리가 '충분하지 않다', '강하지 않다', '지혜롭지 않다', '해낼 수 없다'는 믿음에서 자유로워지게 하소서.

우리가 받아들였던 모든 거짓을 깨뜨릴 만큼 우리 자기 사랑의 힘을 강하게 하소서.

다른 사람들의 의견에 따라 사는 삶이 아니라 스스로의 선택을 신뢰하며 살아가게 하소서. 우리 삶의 책임을 두려워하지 않게 하시고 문제가 닥쳐도 피하지 않고 마주하며 해결할 수 있는 용기를 주소서. 우리가 성취하고자 하는 모든 것이 자기 사랑의 힘으로 이루어지게 하소서.

오늘부터 우리 자신을 깊이 사랑하게 하소서. 그래서 우리를 해치거나 방해하는 어떤 상황도 더는 만들지 않게 하소서.

다른 사람에게 받아들여지기 위해 누군가인 척하지 않고, 있는 그대로의 우리로 살아가게 하소서. 우리가 어떤 존재인지 스스로 알기에 더 이상 다른 사람의 인정이나 칭찬에 의존하지 않게 하소서.

거울을 볼 때마다 그 안에 비친 우리 모습을 사랑하게 하시고 내면과 외면의 아름다움을 더욱 빛내는 미소를 짓게 하소서. 자기 자신과 함께하는 시간마저 기쁨으로 가득 차도록, 우리 안에서 자기 사랑이 날마다 자라게 하소서.

우리를 판단 없이 사랑하게 하소서. 우리가 자신을 판단할 때 죄책감과 수치심이 우리 마음을 덮고, 벌을 받아야 한다는 거짓된 믿음이 우리를 가두며, 당신의 사랑을 바라보는 거짓된 시선을 갖지 않게 하소서.

지금 이 순간, 우리 자신을 용서할 수 있는 의지를 강하게 하소서. 감정적 독소와 자기 판단으로 가득한 마음을 정화하여 완전한 평화와 사랑 속에서 살아가게 하소서.

우리 삶의 꿈을 바꾸는 힘, 그것이 자기 사랑이게 하소서. 마음속에 새롭게 자리 잡은 자기 사랑의 힘으로, 우리 삶의 모든 관계가 새롭게 변모하게 하소서.
우리 자신과의 관계부터 시작하여 다른 이들과의 모든 갈등에서 자유로워지게 하시고, 사랑하는 사람들과 함께 시간을 나누는 기쁨을 누리게 하소서.

그리고 마음속에서 느끼는 그 어떤 불공평함도 용서하게 하소서. 우리를 다치게 한 모든 사람을 용서할 만큼, 우리 자신을 깊이 사랑하게 하소서.

우리 가족과 친구들을 조건 없이 사랑할 수 있는 용기를 주소서. 우리의 관계가 더욱 긍정적이고 사랑 가득한 방향으로 변하게 하소서. 서로의 마음을 새롭게 열게 하시고, 통제하려는 싸움도, 승자와 패자가 나뉘는 경쟁도 없는 관계로 살아가게 하소서.
사랑과 기쁨과 조화를 위해, 우리가 한 팀이 되어 함께 걸어가게 하소서.

우리의 가족과 친구들과의 관계가 존중과 기쁨 위에 서게 하소서. 그래서 그들에게 무엇을 생각하고 어떻게 살아야 하는지를 말할 필요가 없게 하소서.
우리의 연인과의 관계가 가장 아름다운 관계가 되게 하시고, 우리가 서로를 나눌 때마다 기쁨이 흘러넘치게 하소서.

타인을 있는 그대로, 판단 없이 받아들이게 하소서. 그들을 거부할 때 결국 우리 자신을 거부하게 되고 우리 자신을 거부할 때, 나를 거부하게 되는 것을 알게 하소서.

오늘부터 새로운 삶을 시작할 수 있도록, 자기 사랑의 힘으로 우리를 이끌어주소서.
우리 삶을 기쁨으로 채우게 하시고 관계를 즐기게 하시며 삶을 탐험하고 위험을 감수하며 살아가게 하소서. 사랑을 두려워하지 않게 하소서.

우리가 마음을 열고 우리에게 주어진 사랑의 권리를 온전히 받아들이게 하소서.

우리가 감사와 관대함 그리고 사랑의 주인이 되게 하시고 당신이 창조하신 모든 것을 영원히 누리게 하소서.
아멘.

저자 소개

Don Miguel Ruiz

 돈 미겔 루이스는 멕시코 시골에서 태어나, 치유사(힐러)인 어머니와 영적 스승인 나왈(샤먼)이었던 할아버지의 밑에서 자랐습니다. 그의 가족은 그가, 수세기에 걸쳐 전해 내려온 치유와 가르침의 전통을 이어받아 톨텍의 지혜를 계승하리라 기대했습니다.

그러나 그는 현대적 삶의 매력에 이끌려 의과대학에 진학했고 외과의사의 길을 선택했습니다.

그러던 1970년대 어느 날 밤, 운전 중 잠에 빠져 콘크리트 벽에 부딪힌 순간, 육체를 벗어난 상태에서 친구 두 사람을 차 밖으로 끌어내는 장면을 지켜보았습니다.

이 충격적인 경험은 그를 깊은 자기 탐구의 길로 이끌었습니다. 그는 어머니로부터 고대 조상의 지혜를 진지하게 배우기 시작했고 멕시코 사막의 강력한 샤먼 밑에서 제자로서 배움을 마치고 그 지혜를 전수받았습니다.

톨텍 전통에서 '나왈' 즉, 영적 안내자는 개인이 진정한 자유를 찾도록 인도하는 존재입니다. 돈 미겔 루이스는 고대 지혜와 현대적 통찰을 결합한 독창적인 가르침으로 세계 여러 나라에서 강연과 워크숍, 성지 순례를 이어가고 있습니다.

그의 가르침은 46개 언어로 번역되었으며, 복잡한 인간의 문제를 누구나 이해할 수 있는 단순하고 명쾌한 통찰로 풀어내는 재능 덕분에 수백만 독자의 사랑을 받으며 국제적인 명성을 쌓았습니다.

돈 미겔 루이스와 그의 아들들, 돈 미겔 루이스 주니어와 돈 호세 루이스가 운영하는 프로그램에 대한 더 자세한 정보는 MiguelRuiz.com에서 확인할 수 있습니다.

자넷 밀스는 미국 캘리포니아에 본사를 둔 앰버앨런 출판사의 창립자이자 대표입니다. 그는 『톨텍 지혜 시리즈』의 기획자이자 공동 저자로, 돈 미겔 루이스와 함께 『네 가지 약속』, 『사랑의 기술』, 『네 가지 약속 실천편』, 『지식의 목소리』, 『불의 원』, 『다섯 번째 약속』을 집필했습니다.

또한 『더 나은 삶을 위한 네 가지 약속』 온라인 강의를 기획·운영하며 사람들의 삶을 변화시키는 배움의 장을 열었습니다. 그 외에도 디팩 초프라의 베스트셀러 『성공을 부르는 일곱 가지 영적 법칙』의 편집자, 전 세계적으로 유명한 『세스 북』시리즈의 출판인으로서 영성과 자기계발 분야에서 큰 발자취를 남겼습니다.

그녀의 사명은 단순합니다. 아름다움과 진실, 그리고 지혜가 담긴 책을 세상에 전해, 사람들이 가장 소중히 여기는 꿈을 실현하도록 영감을 주는 것. 이를 위해 자넷 밀스는 전국의 교도소와 자선단체에 수천 권의 책을 기부했고 아동, 동물, 환경을 위한 다양한 자선 활동에도 힘쓰고 있습니다.

그녀의 책과 온라인 강의에 대한 더 많은 정보는 TheFourAgreements.com에서 확인할 수 있습니다.

세기의 책들 20선 | 천년의 지혜 시리즈 NO.10

사랑하라, 그리고 나를 잃지 않도록 THE MASTERY OF LOVE
최초 출간일 1997년

초판 1쇄 인쇄　2025년 08월 20일
초판 3쇄 발행　2025년 09월 17일

펴낸곳	스노우폭스북스
펴낸이	서진
지은이	돈 미겔 루이스 (Don Miguel Ruiz)
기획. 편집	서진
번역. 감수	안진환
번역	루카
진행	진저(박정아) 윈터(설윤경)
전략지원	DK(김정현)
AI 홍보전략	테드(이한음)
퍼포먼스 바이럴	썸머(윤서하)
표지, 본문, 홍보디자인	샤인(김완선)
일러스트	아트 (서기홍)
텍스트 아티클	티미(문지우) 알파(김민석)
검색	형연(김형연)
제작	해니(박범준)
종이	월드페이퍼
인쇄	남양문화사
주소	경기도 파주시 회동길 527, 스노우폭스북스 빌딩 3층
대표번호	031-927-9965
팩스	070-7589-0721
전자우편	edit@sfbooks,co,kr
출판신고	2015년 8월 7일 제406-2015-000159

ISBN 979-11-94966-09-8　　03190

- 스노우폭스북스는 여러분의 소중한 원고를 언제나 성실히 검토합니다.
- 이 책에 실린 모든 내용은 저작권법에 따라 보호를 받는 저작물이므로 무단 전재와 무단 복제를 금합니다.
- 이 책 내용의 전부 또는 일부를 사용하려면 반드시 출판사의 동의를 받아야 합니다.
- 잘못된 책은 구입처에서 교환해 드립니다.

스노우폭스북스는 "이 책을 읽게 될 단 한 명의 독자를 바라보고 책을 만듭니다."